综合能源服务发展与实践

胡 博 著

科 学 出 版 社

北 京

内 容 简 介

本书从综合能源系统特点、综合能源服务的概念出发，介绍综合能源系统构成、规划评估，综合能源信息服务平台实现方案、技术性能、评价机制以及在综合能源系统领域内的应用等。书中重点阐述了综合能源系统的结构、规划与评估技术，综合能源信息服务平台框架、平台特点、关键技术及其应用，在电网发展过程中对综合能源系统的评估方法，综合能源服务商业运营与管理、优化方式及其经济性等。

本书可作为高等院校能源动力工程、电气工程等相关专业的研究生和高年级本科生的参考书，也可供动力与电气工程领域的科技工作者参考。

图书在版编目(CIP)数据

综合能源服务发展与实践 / 胡博著. -- 北京 : 科学出版社, 2024. 6.

ISBN 978-7-03-078836-8

Ⅰ. F407.2

中国国家版本馆CIP数据核字第20244FS570号

责任编辑：张海娜　赵微微 / 责任校对：任苗苗

责任印制：肖　兴 / 封面设计：蓝正设计

科学出版社 出版

北京东黄城根北街 16 号

邮政编码: 100717

http://www.sciencep.com

涿州市般润文化传播有限公司印刷

科学出版社发行　各地新华书店经销

*

2024 年 6 月第　一　版　开本：720 × 1000 1/16

2024 年 6 月第一次印刷　印张：10 3/4

字数：217 000

定价：98.00 元

前　言

综合能源系统是近年来动力与电气工程领域热门技术之一。综合能源系统，就是一定区域内利用先进的物理信息技术和创新管理模式，整合区域内煤炭、石油、天然气、电能、热能等多种能源，实现多种异质能源子系统之间的协调规划、优化运行、协同管理、交互响应和互补互济。在构建综合能源系统服务平台中，由于能源输入种类繁多、网络复杂、数据处理量巨大，综合能源系统运行关键技术以其经济性、可靠性、互补性的优势，吸引了众多能源行业从业者的关注。因此，综合能源系统逐渐成为国际热门研究领域，是电力行业综合能源应用的重要组成部分。

本书共 7 章。第 1 章首先介绍综合能源系统的基本概念，以及综合能源系统的标准与发展现状，并简要介绍综合能源服务的政策环境、技术支撑以及市场需求。

第 2 章详细阐述综合能源系统规划与评估技术的原理及实现方法，分析综合能源与负荷需求分析方法，构建综合能源规划模型，形成综合能源评估指标体系。

第 3 章介绍综合能源信息数据采集平台的整体规划与需求分析，搭建综合能源信息服务平台框架，通过对“互联网+智慧用能综合示范小区”项目的介绍，提出综合能源服务发展策略，并对综合能源服务平台的应用进行展望。

第 4 章重点介绍电网发展综合评估指标体系的构建原则、设计及需求分析，综合能源系统的效益评价模型、动态建模与仿真等。通过分析电网发展的利益相关者，考虑电网安全性、可靠性、经济性、协调性等要求建立综合评估指标体系。

第 5 章重点阐述综合能源服务商业运营与管理模式，概述综合能源服务发展现状，并对国内外典型运营模式、商业案例进行介绍。综合能源服务管理过程必不可少，该章借鉴国内外优秀经验，建立综合能源服务管理体系，并对此进行效益分析与前景展望。

第 6 章介绍电-气互联综合能源系统的优化。电-气互联网络是将电网络与气网络二者耦合，该章通过搭建电-气互联综合能源系统模型，运用多种优化方法进行分析，展示最基本的综合能源系统互联运行方式。在此基础上，读者可以充分了解综合能源系统的优化方式及优化效果。

第 7 章阐述电-气综合能源模型的构建方法及其经济性分析。综合能源电转气是综合能源系统研究的重要部分之一，该章重点对电-气综合能源系统供能结构及数学模型进行介绍，构建经济调度模型，并分析电-气综合能源系统整体运行效益。可以预言，综合能源系统及综合能源服务的应用进程，必将使能源及相关产业，特别是电力行业迈入新阶段。

本书是作者科研团队多年科研成果的结晶，以及科研团队全体同志辛勤工作的成果。本书的出版得到了辽宁省区域多能源系统集成与控制重点实验室的支持，在此一并表示感谢。

综合能源系统及服务是动力与电气工程领域的一个新课题，目前国际和国内标准尚未完善，在本书的撰写过程中，还有许多新技术和新标准正在发展。本书从综合能源系统的构建和应用角度出发，总结作者近年来对综合能源系统相关技术的研究成果和经验，在突出基本概念、基本原理的基础上，参照国内外综合能源系统标准和建议，力求深入浅出、明白晓畅，希望能对动力与电气工程领域的科研工作者有所帮助。

由于作者水平有限，虽然做了许多努力，书中仍难免存在不妥之处，敬请广大读者批评指正。

目　　录

第 1 章　综合能源服务发展概述

1.1　综合能源系统概述

能源是人类生存和发展的基础，与人类生活息息相关，是国民经济的命脉，更是立国之本。因此，能源问题始终都是世界各国关注的焦点，而能源领域的技术变革与创新贯穿于人类社会的发展历史[1]。人类社会是一个持续的、有机的发展过程，由于生产水平的不同呈现出螺旋式的发展趋势[2]。

(1) 在原始阶段，人类社会生产生活对能源需求较低，主要通过刀耕火种和就地取材解决自身能源需要，这一阶段的能源供应主要来源于动植物衍生品，如木材、植物秸秆、动物粪便等，全部为可再生能源形式。由于认知的不足和技术的局限，以煤炭为代表的化石能源在这一时期仅在小范围内应用。

(2) 伴随着化石能源的规模化开发和第一次工业革命的开始，人类文明进入发展的高速期。能源需求日益扩张，大量使用化石能源加剧了环境恶化并引发了一系列问题。

(3) 电能的规模化使用和由此引发的第二次工业革命，助推社会以更快速度发展。电能易于传输、转换和使用的特性，使其在人类社会能源供用环节的比重不断提高。延伸到社会生产、生活各个环节的电网，犹如动物肌体中的血管，实现了能源在大范围内的传输互济和高效利用，人类社会生产生活水平和方便程度也因此得到了极大提升。

然而，能源需求的快速增长使得化石能源快速过度开采，导致了人类社会对环境污染和未来能源供应可持续性的担忧。为应对这一人类共同面临的挑战，社会各界已开展了大量研究，主要体现在开源和节流两方面[3,4]。

开源即是寻求更多的可用能源以维护能源的可持续供应。除去传统意义上的化石能源（包括页岩气）、核能和水能外，风能、太阳能、生物质能和海洋能等能源近年来也得到高度关注并迅速发展。然而，大多数可再生能源具有明显的随机性和间歇性，这些能源大多需要转化为电能并接入传统电网后才能大规模使用[5]，其难以预测和难以调控的特性，使得发电侧调控难度不断增加，从而导致电网多年形成的由发电调控来跟踪、平抑负荷波动的运行模式彻底改变，由此引发的一系列问题亟待解决。

节流是为了尽可能减少能源的浪费。通过提高能源利用率，努力减缓化石能源的耗竭速度，减少对环境的污染。一方面，几乎每一种能源在其利用过程中都需要依靠多种能源的转换和协调才能实现高效利用[6,7]。例如，冷热电联供(combined cooling, heating and power，CCHP)系统[8]通过电、热、冷环节的有机协调，可有效提高一次能源利用率。另一方面，伴随着社会发展先后出现的石油、天然气、电力及冷热等能源供应系统，各系统间不能有效协调运行，往往都是单独规划、单独控制、独立运行，由此产生的能源利用率低、能源供应系统整体安全性差、自愈能力弱等问题也需要解决[9]。此外，不同的能源供应系统具有不同的运行特点，它们之间的协调可以减少甚至消除能源供应链中的不确定性，还能更多更安全地消耗可再生能源[10]。

自20世纪五六十年代以来，以计算机技术、自动控制技术、通信技术、数据处理技术及网络技术等为标志的信息通信技术(information and communication technology，ICT)领域的大量变革创新[11,12]，为能源领域的进一步提升和发展提供了强有力的技术支持。在ICT的推动下，能源领域先后出现了智能电网(smart grid)、综合能源系统(integrated energy system，IES)和能源互联网(energy internet)三种重要理念，其目的都是希望通过开源和节流两种途径，实现环境友好和能源可持续供应的目标。尽管三者追求的目标一致，但因各自侧重点不同，彼此间也存在一定差别。

1.1.1　基本概念

综合能源系统是指利用某一地区先进的物理信息技术和创新的管理模式，将该地区的煤、石油、天然气、电、热能等多种能源进行整合，实现协调规划、优化运行、协同管理，以及不同异质能源子系统之间的互动响应和互补互利[13]。综合能源系统是一种新型的综合能源系统，能够有效提高能源利用率，促进能源的可持续发展，同时满足系统内多样化的能源需求[14]，见图1.1。

综合能源系统的概念最早来源于热电协同优化领域的研究。从理论上来说，综合能源系统这个概念很早就提出了。在能源领域，已经有了长期的不同能源形态的协同优化。例如，热电联产发电机组通过高低档热能和电能的协同优化，达到提高燃料利用率的目的[15]；蓄冰设备协调电能和冷能(也可视为热能的一种)，达到电能削峰填谷的目的。本质上讲，上述设备均隶属于综合能源系统[14]。

尽管综合能源系统的概念很早就已出现，并已有大量前期研究，但目前还缺乏统一的定义。为更好地分析与讨论，本书的综合能源系统特指在整个系统规划、建设和运行等过程中，通过对能源的产生、传输与分配、转换、存储、消费等各个环节进行有机协调与优化后，形成一个全新的能源产供销一体化系统[16]。该系统主要由供能网络(如供电、供气、供冷、供热等网络)、能源交换环节(如CCHP机组、发电机组、锅炉、空调、热泵等)和能源存储环节(储电、储气、储热、储冷等)组成源网侧。负荷侧由终端综合能源供用单元(如微网)和大量终端用户构成[17]。

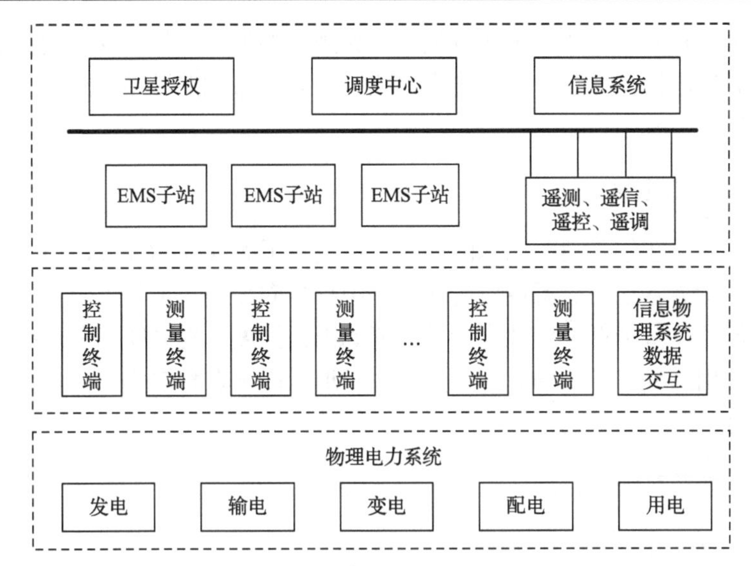

图 1.1　综合能源系统概述图

EMS (energy management system) 指能量管理系统

1.1.2　综合能源系统的发展背景

全球经济快速发展，能源紧缺和环境问题日趋严重，如何在经济稳定增长的同时，保障能源持续供应和减少环境污染已成为目前世界各国学者共同关注的热点。近年来，能源技术发展迅速，能源利用水平也得到不断提高。能源发展方式发生转变，从粗放式发展向提质增效转变。为应对经济新常态，能源改革与转型迫在眉睫且刻不容缓。

综合能源系统立足于多能互补、能源梯级利用理论，能够大力发展可再生资源，有效控制能源消费，进一步提升能源利用率，对应对能源需求激增、环境污染问题、气候变化等严峻挑战具有十分重要的意义。

1.1.3　综合能源系统的类型

综合能源系统指可接纳多种能源输入，运用智能化技术分析用户需求，以最优方案进行能量输出的能源系统，一般由供能网络单元、能源交换单元、能源储存单元、终端综合能源供给单元和终端用户几部分组成，在实际应用中表现为分布式能源系统和区域能源系统的协同控制[18]。

1. 分布式能源系统

分布式能源主要指可再生能源，其研究的重点是利用不同的可再生能源进行优势互补，在满足供能需求的同时，提高能源的利用率。2004 年以来，美国、加拿大、英国、丹麦、瑞典等国相继发生了大规模的停电事故，这说明传统的大规模集成能源供应模式存在一定的技术缺陷，因此分布式能源系统越来越受到人们的广泛关注。

2. 区域能源系统

人类的活动在持续消耗能源的同时，也造成了大规模的环境污染。为了降低运行成本，世界各地的能源供应商朝着集中化方向发展。近年来研究表明，区域能源系统能够显著降低经济社会活动的能源消耗强度，提高能源利用率，减少能源生产与使用过程对环境的影响。然而由于地域因素多种多样，区域能源系统受到约束且有一定的局限性[19]。

1.1.4 综合能源系统的特点

1. 灵活性

当一个系统只有单一的能源供应时，其对能源供应端的依赖性相对较强，生产系统的运行情况取决于能源供应情况，在供应中断时，生产系统也将陷入瘫痪，此时会造成巨大的经济损失。综合能源系统在正常工作时，能针对能源的不同特性提升能源的传输及转化率，在某种能源供应因故障而中断时，系统能够利用其他能源保证生产系统的正常运行。

2. 可靠性

清洁能源因其自身的间歇性和随机性特征，不能持续和稳定地供能，因此制约了其发展。在综合能源系统中加入储能设备，可使多种清洁能源安全可靠地接入，在能源获得的难易程度上进行了互补。

3. 低碳性

环境与发展相互依赖，相互促进又相互制约。近200年化石能源的大量使用，导致温室气体的排放量越来越大，海平面升高，臭氧层遭到破坏。以清洁能源代替化石能源是治理环境问题、保持经济健康发展最有效的措施。

4. 可扩展性

通过模块式划分的综合能源系统可根据区域面积的适用性，形成单独的综合能源系统或者是由多个综合能源联合起来的系统。对于各类供能网络、转换模块及存储模块有较强的适应性及融合度，可以满足更大规模的用户需求，提高用户满意度[20]。

1.1.5　综合能源系统的关键技术

1. 多能互补协同规划技术及多能优化运行技术

多能互补协同规划技术以一个固定区域内的经济、资源现状为根本，通过相应约束条件，确定区域内各种能源资源的最优分配和各种能源设备的最优组合。多能优化运行技术通过削峰填谷、平滑负荷曲线等方式实现对综合能源系统的智能调度。

2. 智能化技术

智能化技术在综合能源系统中体现为能源信息的智能监测、智能采集以及对数据的智能分析处理。智能监测系统包括侵入式终端和非侵入式终端两种，其中侵入式终端监测采样频率高，对供需端设备分解精度更高，测到的设备负荷更完善，但施工成本更高。目前应用最广泛的数据智能分析系统是群体智能化技术。群体智能化技术是由通信系统将多个智能体组织起来，由中央控制系统统一控制，在智能推演技术的基础上，结合智能化应用场景，使综合能源系统在全局最优条件下运行的智能化技术。

3. 能源转化技术

能源转化技术是将一次能源转化成二次能源的技术。一次能源往往不利于储存与运输，将一次能源转化为二次能源能极大降低能源的使用成本[21]。电能是用途最广、最清洁方便的二次能源，且易于运输，但不易储存，而热能易于储存，因此冷热电综合能源系统应用最为广泛。近年来，除热电转化技术外，风电转化、光电转化、生物质气转化等技术发展也极为迅速。

4. 能源梯级利用技术

一次能源在转化过程中必然伴随着能量损失。能源消耗是一个不可逆的过程，高品位能源在这一过程中转化为低品位能源，若不加以利用会造成极大的能源浪费。20 世纪 80 年代，吴仲华院士提出了“温度对口，梯级利用”的理念。基于这一理念，我国已开发出有机朗肯循环发电技术、生物质热电联产技术、光伏光热一体化技术等，这为我国应对能源危机提供了新的发展思路。

1.2　国内外综合能源系统标准与发展现状

规范统一的标准体系是综合能源系统建设和发展的基本条件和保障[22]。2016 年，国家发展改革委、国家能源局与工业和信息化部发布的《关于推进“互联网+”

智慧能源发展的指导意见》(发改能源〔2016〕392号)指出:“2019—2025年,着力推进能源互联网多元化、规模化发展:初步建成能源互联网产业体系,成为经济增长重要驱动力。建成较为完善的能源互联网市场机制和市场体系。形成较为完备的技术及标准体系并推动实现国际化,引领世界能源互联网发展”。随着中国首批55个“互联网+”智慧能源示范项目的验收,综合能源系统标准化工作的推进也日渐紧迫。

综合能源系统是由供能网络、能源转化环节、能量储存环节、终端综合能源供用单元(微电网等)和终端用户共同组成的[23]。整个系统通过对其中包含的电、气、热等多种能源的变换过程,统一进行协调与规划,最后形成能源产供销一体化有机系统[16]。综合能源系统以电网为基本架构,融合了冷、热、气等多种能源所构成的智慧能源网络,是实现能源清洁和可持续利用的必经之路。因此,综合能源系统与智能电网、微电网、可再生能源相比,更具系统性、复杂性,对综合能源系统标准进行统一规划和顶层设计迫在眉睫。标准化是综合能源系统技术特点的内在需要,要充分发挥综合能源系统的作用,就必须实现设备、信息、业务等环节的互联,从而带动标准制定与创新驱动发展战略良性互动。

综合能源系统经过长时间的迅猛发展,其概念、理论及技术体系趋于成熟完善,涉及的微电网、分布式能源、储能系统、通信控制保护等多个产业将逐渐形成一个巨大的市场。在此背景下,抢占国际标准化制定的制高点,无疑会提高中国综合能源系统的国际竞争力。目前,中国已成功申请成为国际电工委员会(International Electrotechnical Committee,IEC)成员,成立了智能电网用户接口项目委员会、可再生能源接入电网分技术委员会以及微电网系统评估组。但是,据统计,由中国提交并正式发布的国际标准化组织(International Standards Organization,ISO)/IEC标准占比仅为1.58%,其国际标准化水平与发达国家仍存在较大的差距。因此,我们必须高度重视综合能源系统的国际标准化工作,以提升我国在国际能源领域的影响力和话语权。

本节首先分析和总结了国际和国内标准组织在综合能源系统领域相关标准的发展现状,然后针对综合能源系统所涉及的运行与控制、安全与保护、通信与自动化三个重点技术方向进行了整理和比较,最后对相关标准的发展趋势进行了分析和展望,为综合能源系统标准的制定提供参考。

1.2.1 国内外综合能源系统标准

1. 国际标准

虽然国际上尚无公认的综合能源系统标准,但是已经颁布了与之相关的智能电网、微电网和分布式电源等各组件标准,欧盟、美国、加拿大、新西兰等国家和地区也都颁布了相应的标准。

1）智能电网

智能电网作为综合能源系统的核心，是整个系统的根基所在。2014 年 5 月，IEC 智慧能源系统委员会在 IEC SG3 智能电网战略工作组和 IEC SEG2 智能电网系统评估组的基础上正式成立，主要致力于智能电网和智慧能源系统顶层标准的战略研究，其中包括与热和气的互动。2017 年英国标准学会发布的《智能电网标准化路线图》总结了 7 个对智能电网的发展和应用具有重要意义的核心系列标准。

IEEE（Institute of Electrical and Electronics Engineers，电气电子工程师学会）SCC21 是 IEEE 标准协会下属的标准协调委员会，主要负责燃料电池、光伏分散发电和储能领域标准的制定。该委员会成立了以智能电网标准制定为核心的 P2030 工作组，并强调 2030 年智能电网标准的共同目标是通过相互关联和互补的技术支持互操作性。P2030 工作组发布的一系列标准为全球范围内智能电网的尝试和实践提供了方向，现已从多方面启动。

为推进智能电网的架构、网络安全、测试和认证以支持行业实施和部署，美国国家标准与技术研究院（National Institute of Standards and Technology，NIST）于 2012 年正式成立了智能电网互操作性专家组（Smart Grid Interoperability Panel，SGIP 2.0），已经相继发布了 4 个版本的《智能电网互操作标准框架和技术路线图》，其中包括对各种电网运行场景所需通信类型和结构及其与电网网络安全和经济关系的深入研究成果。

德国电工委员会（DKE）为支持本国“E-energy”系列示范性项目与标准化组织合作的要求，成立了 DKE 智能电网标准化技术中心，旨在跟踪及研究国际和欧洲的智能电网标准化问题。在深入研究 IEC 和美国 NIST 标准化路线图的基础上，结合德国工业联合会（BDI）发起的 E-Energy 和能源互联网项目于 2013 年更新并发布了适合本国标准化的信息化能源实现路径。

2）微电网与分布式能源

微电网与分布式能源作为综合能源系统的重要组成部分，近年来，不仅相关技术与市场得到了飞速发展，其各项技术的标准化进程也不断加快。IEC/TS 62257 是 IEC 最早发布的与微电网相关的系列标准，2006 年发布的 IEC/TS 62257-9-2 首次提出了微电网的概念。其中，微电网以乡村能源子系统的形式出现，且容量限制在 100kV·A 以内。为适应支撑微电网与分布式能源的大规模建设，IEC 于 2017 年成立了 TC8/SC8B 分布式电力能源系统分技术委员会，先后批准了由中国牵头编制的 IEC/TS 62786《分布式能源与电网互联》系列标准和 IEC/TS 62898《微电网》系列标准。IEC/TS 62898 系列标准对微电网的规划设计、运行控制、保护动作和能量管理系统等方面进行了规范。

2003 年，由 IEEE SCC21 发布的 IEEE 1547《分布式能源并网标准》，是国际上最早发布的针对分布式能源及微电网进行并网规范的标准，目前获得了各组织和国家的广泛认可，成为 IEEE 标准共识过程的基准里程碑，且已完善扩展成为系列标准。其中的 IEEE 1547.4 首次为分布式资源孤岛系统的设计运行、微电网并网提供了国际规范。

欧洲是最早提出综合能源系统概念并付诸实施的地区，欧洲对其重视程度高、投入大，其发展也最为迅速。欧洲电工标准化委员会（European Committee for Electrotechnical Standardization，CENELEC）出台了 BS EN 50438-2007，规定微电源及其保护装置接入公共低压配电网的连接及操作技术要求。在欧盟框架下，欧洲各国有效组织并统一高效开展综合能源系统相关技术研究。各国根据自身不同需求，分别开展了更为深入的有关综合能源系统的讨论。以德国为例，其分别发布了中压并网标准 BDEW《发电厂接入中压电网并网指南》和低压并网标准 VDE-AR-N 4105《发电系统接入低压配电网并网指南》。两项指南从不同的电压等级出发，适用于水力发电、光伏发电、火力发电和包括热电联产在内的联合发电系统等多种发电系统，标准内容涉及并网条件、保护装置、运行与控制和测试与计量等内容。

在德国乃至欧洲能源结构转化的大背景下，2014 年德国还成立了 VHPReady 工业联盟，意在通过制定开放互通的工业标准实现能源互联。2015 年 11 月，VHPReady 工业联盟发布了基于 IEC 61850 和 IEC 60870-5-104 技术的行业标准 VHPReady v4.0，旨在连接虚拟电厂中的热泵、热电联产机组和储能系统，以满足不同能源的无缝接入，为能源平衡市场提供负载平衡和分布式发电。

除智能电网与微电网外，在新能源汽车、智慧城市、能源互联网等与综合能源系统密切相关的技术领域，国际和主要国家的标准组织的标准研究也在不断推进，大量的国际标准、区域标准、国家标准、行业标准和企业标准已经出台或正在编制。综合能源系统标准体系应在上述标准的基础上，进一步完善和拓展。

2. 国内标准

综合能源系统是国内外的研究热点，中国在智能电网、能源互联网与微电网等相关领域也开展了一系列标准化的研究工作。中国智能电网的标准化建设目前已取得阶段性成果，智能电网标准体系框架已经编制完成，涵盖了 9 个专业分支、25 个技术领域、110 个标准系列的技术标准体系。为加快建立中国智能电网标准化体系，国家能源局于 2011 年成立国家智能电网标准化总体工作推进组，下设智能电网标准化组（以下简称电网组）、智能电网设备标准化组和智能电网标准化国际合作组。电网组主要负责组织中国智能电网规划、建设、运行、管理、维护等方面的标准体系研究、技术协调和标准制修订。能源互联网与智能电网有很多相似之处，是智能电网与多能互补的有机融合，是对智能电网的提升与拓展。2016 年 10 月，中国电力企业联合会正式发布 T/CEC 101.1—2016《能源互联网　第 1 部分：

总则》，该标准明确了能源互联网的基本概念与形态，对能源互联网领域的基本原则和系统架构等方面提出了技术性要求，是后续其他部分标准制修订的基础。

目前，国内与综合能源系统产业相关的标准共有 22 项（涵盖微电网），其中全国微电网与分布式电源并网标准化技术委员会于 2017 年 2 月成立，对口 IEC 电能供应系统方面的技术委员会（TC8）。

在分布式能源和微电网标准化方面，中国已经承担了 IEC SC8A 的秘书处工作，主导并且制定了多项相关国际标准，标准化竞争力日益提高。国家电网公司牵头制定的 Q/GDW 480—2010《分布式电源接入电网技术规定》是中国较早制定的分布式能源并网标准，目前已被 2016 年发布的 Q/GDW 480—2015 取代，该标准参考已有的行业标准、IEC 和 IEEE 标准，提出与电能质量、安全与保护、测量、通信及操作响应特性等方面相关的技术要求。针对微电网领域，国内已经发布和实施了一系列相关标准，见表 1.1。

表 1.1 国内微电网标准

标准编号	标准名称	标准级别	实施日期
GB/T 26916—2011	小型氢能综合能源系统性能评价方法	国标	2012-03-01
GB/T 34129—2017	微电网接入配电网测试规范	国标	2018-02-01
GB/T 33589—2017	微电网接入电力系统技术规定	国标	2017-12-01
GB/T 51250—2017	微电网接入配电网系统调试与验收规范	国标	2018-04-01
GB/T 34930—2017	微电网接入配电网运行控制规范	国标	2018-05-01
GB/T 36270—2018	微电网监控系统技术规范	国标	2019-01-01
GB/T 36274—2018	微电网能量管理系统技术规范	国标	2019-01-01
GB/T 38953—2020	微电网继电保护技术规定	国标	2020-12-01
GB/T 41995—2022	并网型微电网运行特性评价技术规范	国标	2023-05-01
T/CEC 145—2018	微电网接入配电网系统调试与验收规范	团标	2018-04-01
T/CEC 146—2018	微电网接入配电网测试规范	团标	2018-04-01
T/CEC 147—2018	微电网接入配电网运行控制规范	团标	2018-04-01
T/CEC 148—2018	微电网监控系统技术规范	团标	2018-04-01
T/CEC 149—2018	微电网能量管理系统技术规范	团标	2018-04-01
T/CEC 150—2018	低压微电网并网一体化装置技术规范	团标	2018-04-01
T/CEC 151—2018	并网型交直流混合微电网运行与控制技术规范	团标	2018-04-01
T/CEC 152—2018	并网型微电网需求响应技术要求	团标	2018-04-01
T/CEC 153—2018	并网型微电网的负荷管理技术导则	团标	2018-04-01
T/CEC 5005—2018	微电网工程设计规范	团标	2018-04-01

1.2.2 国外发展现状

1. 美国

1) 管理机制

美国能源部(United States Department of Energy, US DOE)作为各类能源资源最高主管部门，负责相关能源政策的制定。美国能源监管机构则主要负责政府能源政策的落实，抑制能源价格的无序波动。在此管理机制下，美国各类能源系统间实现了较好的协调配合，同时美国的综合能源供应商得到了较好发展，如美国太平洋煤气电力公司、爱迪生电力公司等，均属于典型的综合能源供应商。

2) 美国各能源供用系统耦合关系

在美国，各种能源供应和使用系统之间存在着紧密的耦合关系，社会注重能源系统之间的相互影响和协调发展。将天然气系统和电力系统作为参考，自 2011 年后，天然气作为美国能源消耗的主要能源，占比达到 25%，且逐年增加。随着近年来电厂的快速发展，天然气的使用占比不断提高，天然气系统和电力系统的耦合关系，逐渐成为美国能源界研究的一个热点。

3) 综合能源技术

近年来，美国更加关注综合能源相关理论技术的科研成果。2001 年，美国能源部提出，以提高清洁能源供应及利用比重作为未来目标，目的是能够有效地促进 CCHP 技术的进步和推广；2007 年 12 月美国颁布《2007 能源独立和安全法案》(EISA 2007)，明确提出将开展综合能源规划(integrated resource planning, IRP)作为社会的主要供用能环节，并在未来五年内追加 6.5 亿美元专项经费作为支持 IRP 的科研研发；之后智能电网的研发被列入到美国国家战略中，其目标是通过利用日新月异的信息技术，对电网在内的社会能源系统进行整体改造，以往的电网建设中，通过构建一个高效能、低投资、安全可靠、灵活应变的综合能源系统，引领世界能源领域的技术创新与发展[24]。

2. 加拿大

加拿大政府面对来自能源环境的双重压力，承诺到 2050 年温室气体排放量与目前相比削减 60%～70%。因此，打破现有的能源供应模式，发展综合能源技术，建设完善的社会综合能源系统将成为加拿大的必然之选。

加拿大国会 2009 年 6 月审议并通过了旨在助推该国综合能源系统相关研究的报告 *Combining Our Energies: Integrated Energy Systems for Canadian Communities*，随后 2009 年 9 月由内阁能源委员会颁布了 *Integrated Community Energy Solutions: A Roadmap for Action* 指导意见，在其中明确指出构建覆盖全国的社区综合能源系统(integrated community energy system, ICES)是加拿大政府实现温室气体减排以

及面对能源危机的一项主要举措，因此将推进 ICES 技术研究和 ICES 工程建设作为该国 2010～2050 年的能源发展战略。在加拿大 ICES 示范工程中，启动了多个重点研究项目，用于开展综合能源系统相关技术和理论的全方位研究，包括 Clean Energy Fund（清洁能源基金）、eco ENERGY（经济能源）、Building Canada Plan（建设加拿大计划）等。

3. 欧洲

综合能源系统的概念最早由欧洲提出，且最先并付诸实施的地区也是欧洲。欧盟第五框架（FP5）中还未对综合能源系统概念进行定义，相关能源协同优化的研究被视为重中之重。例如，DG TREN（distributed generation transport and energy）项目将考虑可再生能源和清洁交通的综合开发；ENERGIE 项目旨在优化和补充多种能源（传统能源和可再生能源），以取代或减少未来核能的使用；微电网项目研究用户端综合能源系统（其概念类似于美国和加拿大提出的 IES 和 ICES），旨在实现可再生能源在用户端友好发展。能源协同优化和综合能源系统的相关研究在后续出台的第六（FP6）和第七（FP7）框架中被加强研究，大力实施开发 Microgrids and More Microgrids（FP6）、Trans-European Networks（FP7）、Intelligent Energy（FP7）等多项国际性的重要项目。

欧洲各国在欧盟框架下统一开展综合能源系统相关技术的研究，并根据各国自身需求开展了更为深入的相关综合能源系统的研究。例如，英国 HDPS（highly distributed power systems）项目关注大量可再生能源与电力网间的协同；HDEF（highly distributed energy future）项目重点研究智能电网框架下集中式能源系统与分布式能源系统的协调；从 2011 年开始，德国每年增加 3 亿欧元，从整个能源供应链和全产业链的角度优化和协调能源体系。近年来，可再生能源、能效提升、储能、多能源有机协调、能源供应安全等受到重点关注。

4. 日本

为了改善能源结构，减少对石油的依赖，提高能源供应的安全性，日本对能源的协调管理和优化进行了长期的研究，形成了独特的能源发展路径。日本设立了经济产业省下属的资源能源部，对煤炭、石油、天然气、新能源等行业进行统一管理。在能源发展战略上，特别强调不同能源之间的融合与协调。资源能源部主要负责：编制能源基本规划草案和各种能源发展规划草案；统一管理电力、天然气、石油等能源行业的市场运行；制定新能源的发展战略和目标，促进新能源的推广和利用等。日本能源管理机构的层次虽然比较单一，但作为资源能源部的上级管理部门，经济产业省掌握着经济和工业发展的方向，可以有效推动能源发展战略目标的实施。因此，日本的单位能源消费国内生产总值（gross domestic product，GDP）一直处于世界领先地位。

日本能源长期依赖进口，因此日本成为最早开展综合能源研究开发的国家之一。2009 年 9 月日本政府公布了其 2020 年、2030 年和 2050 年温室气体的减排目标，通过构建覆盖全国的综合能源系统，实现能源结构优化以及能效提升，促进可再生能源规模化开发以实现这一目标。在日本政府的大力推动下，许多能源研究机构对此展开了研究，并制定出不同的研究方案，例如，日本新能源产业技术综合开发机构（the New Energy and Industrial Technology Development Organization，NEDO）于 2010 年 4 月发起成立的日本智能社区联盟（Japan Smart Community Alliance，JSCA）的重点研究方向为智能社区技术[25]。智能社区是在社区综合能源系统（包括电力、燃气、热力、可再生能源等）基础上，实现与交通、供水、信息和医疗系统的一体化集成。Tokyo Gas 公司以传统综合供能（电力、燃气、热力）系统为基础，设计出更加先进的综合能源系统解决方案，并将建设覆盖全社会的氢能供应网络[6]。

1.2.3 国内发展现状

为了不断降低 CO_2 排放量，需要各类能源在产、供、销、储全环节紧密配合，开展综合能源系统相关研究势在必行。我国自 1993 年撤销能源部后，煤炭、石油、电力、供热等行业分属不同管理部门，彼此间相互协调不够，难以共同作用，由于缺乏协调统一的政策支持，在一定程度上限制了我国综合能源技术的发展。以城市 CCHP 为例，涉及供电、供冷、供热等的协调与配合；若 CCHP 采用燃气方式，还需上述环节与燃气供应部门之间的协同调控配合。我国供电、供气和供热公司如今各自独立运营，分属不同部门，难以保证上述系统的运行经济性。为达到加强对能源行业的集中统一管理的目的，应对日益严峻的能源问题，保障国民经济持续稳定健康发展，我国在 2008 年批准建立了国家能源局。为进一步推动能源领域各个部门的协调与合作，推进综合能源体系的形成，2010 年国务院成立国家能源委员会。国家能源委员会主要负责研究拟订国家能源发展战略，审议能源安全和能源发展中的重大问题，统筹协调国内能源开发和能源国际合作的重大事项[26]。以上管理体制的改革，是促进各个能源领域间相互协调合作与共同发展的政策基础。

目前，我国已通过 973 计划、863 计划以及国家重点研发计划等，启动了多项与综合能源技术相关的科技研发项目[27]；我国与新加坡、德国等相关机构合作，建设各类生态文明城市，积极推广能源综合利用技术，构建清洁、安全、高效、可持续的综合能源供应体系和服务体系。

据不完全统计，截至 2023 年，世界上已有 130 多个国家先后开展了综合能源系统技术的研究，旨在促进未来所有国家能源的可持续供应[28]。毫无疑问，综合能源系统相关技术将占据国际能源领域的重要技术制高点和技术增长点，成为 21 世纪能源工业的重要技术发展方向之一。因此，从我国自身的实际需要出发，尽快探索和建立适用于我国的综合能源体系理论体系，以确保我国未来的能源安全，在抢占能源领域的技术制高点，扩大我国在国际能源领域的话语权等方面，具有重大的战略意义。

1. 我国能源资源现状分析

我国的能源资源状况与国外主要经济体有着显著区别，主要包括如下特点。

1）能源总量较为丰富，但人均拥有量偏低

目前我国能源消费仍以煤炭、石油和天然气为主。按照目前开发进度仅能维持数十年。我国能源资源占有量并不占优，同时考虑到我国巨大的人口基数，人均能源资源占有量极少。如果能源发展模式依然按照以往粗放式发展，会对社会经济造成较大冲击，为我国环境发展和能源发展造成阻碍。

2）未来能源消耗仍将以化石能源为主

能源消费模式存在客观性，在目前发展的技术中，主要对清洁能源和可再生能源研究较多，但在研发的过程中，也会遇到很多挑战，这是必然的，也是我们要接受的一个长期过程。在未来的一段时间内，我国仍以不可再生能源消耗为主。目前，我国煤炭在整个能源参与环节所占据比例一直居高不下，根据能源专家预测，未来 10 年内，煤炭所占比例不会大幅度降低。

3）能源资源分布与能源消耗分布不均衡

我国各类能源分布不均衡，其中，以东北和中西部地区较多，而我国东南沿海地区经济较为发达。经济与资源分布不合理的问题会一直存在。未来，这种问题可能还会更严峻，以至于对我国整个能源战略部署产生影响。

4）电、热、冷供应环节目前缺乏有机协调配合

我国电网经过近些年的改革与发展，已初步形成全国互联的状态。随着规模的不断扩大，电网电压等级也不断提高，电网技术也不断升级。现如今，电网运行的可靠性、灵活性和经济性得到显著提升。一直以来，电网发展受“重发输、轻配供”传统观念影响，以至于在配电环节相对薄弱，这是影响用户供电可靠性和各种设备效率不高的主要因素。在我国北部分布的城市中，目前大多数供热方式为集中供热。在国家政策的鼓励下与各级政府的大力扶持下，集中供热行业得到迅速发展。2023 年，集中供热的热源主要是热电联产（约占 48%）、锅炉房（约占 51%）以及少量的工业余热和地热等形式（约占 1%）。但目前我国供热系统的设计理念比较落后，缺乏科学的控制手段。整个系统中主要以“大流量、小温差”的方式运行，能量损耗大，不能达到能量的梯级利用与多能互补。其中热用户大多采用单管供暖系统，这种系统的供暖方式会造成热力工况失调较严重以及不同

用户冷热不均等问题。一直以来，由于经济与观念上的认知差异，我国区域集中供冷相对较少，但区域集中供冷作为一种较先进的供冷方式，已经逐渐激发起了人们的兴趣。随着节能减排政策的促进以及天然气成本的降低，以CCHP技术为代表的区域供冷/热系统在我国已经开始示范应用，但示范应用效果并不理想。

2. 对我综合能源系统技术发展的几点思考

为保证我国能源安全与长久发展，应该从两方面着手，分别是开源和节流。开源就是大力开发新能源和可再生能源，寻找传统不可再生化石能源的替代品；节流就是加强能源领域的协同发展，通过综合能源技术，实现能源大范围的优化配置和能源梯级利用，使整个系统的运行效能不断提高。其中，综合能源技术是整个环节的重中之重。因此，构建适用于我国的综合能源系统是一定要尽快实施的，为此需要从国家、区域两个层面上予以综合考虑，并相互协调，有效配合。

1)在国家层面上需要相应政策、管理体制和制度的保障

能源问题涉及面广泛，其中能源供应系统包括石油、天然气、煤炭、电力和其他能源供应系统。能源终端使用单位遍布社会的各个行业并最终与社会的每个成员密切相关。因此，为了确保社会能源供应系统的安全和高效可持续发展，必须在国家层面进行协调管理。

为实现社会能源供应系统的安全和高效可持续发展，应建立适应我国国情的国家能源综合管理职能部门，并由国家制定相应的能源法律、法规，用来协调不同能源供应商和能源参与方的双方利益。综合能源系统的建设与发展需要电力、石油、煤炭、天然气等能源行业的设备制造商、科研单位、用能单位等的共同参与和相互协作，同时也需要国家发展改革委、商务部、自然资源部、应急管理部等多个职能部门密切监督与管理。为了实现社会综合能源系统的可持续发展，应在适当的时间和条件下在国家层面建立综合能源管理机构，并随着其发展进行不断强化。由管理机构总体协调和组织我国能源系统的建设与发展。

建立能源综合性研究开发机构，开展能源领域重大问题研究，对促进能源领域的合作、融合、协调发展有很大的作用。目前，我国社会能源供应系统之间的耦合程度不断加强，各能源供应系统之间需要不断加强协调控制，才可以达到能量的高效利用；同时，各能源供应系统长期独立运行，缺乏有效的协调，这已对我国能源安全性和可靠性造成了不良影响。而随着我国对能源的需求不断增加，节能减排力度也不断加大，能源领域各行业之间的耦合、冲突和相互影响的各种问题还会不断增多。因此，由国家成立专门的综合能源研发机构，专门对于我国社会经济发展中面临的一些能源方面的重大问题展开研究与讨论。这些重大问题包括但不限于：

(1)主要能源供应系统之间的相互作用机理研究。随着社会经济的不断发展，

对能源需求的日益增长，不同能源供应系统之间的耦合关系更加复杂，揭示不同能源供应系统之间相互作用的机理，对推动能源供应系统的协同发展意义重大。

(2) 我国传统化石能源和可再生能源最佳利用模式研究[29]。我国传统一次能源中以煤炭为主的局面短期内不会发生变化，因此应寻求最佳的用能模式以提高煤炭的综合利用效能[30]。我国可再生能源开发离不开与传统能源的协同配合，为此在可再生能源开发过程中应与传统能源的综合利用协同考虑，以求达到能源最佳利用的目的。

(3) 适用于我国的能源安全保障机制研究。我国能源供应(尤其是石油和天然气)对外的依存度不断增大，能源供应安全受外界影响日益显著，为此需结合我国国情，探索保证我国能源安全供应的保障机制。

(4) 适用于我国国情的国家综合能源体系建设模式研究。以能源利用效能最优、能源供应安全性最佳、能源供应可持续性最好为优化目标，以我国能源现状和节能减排的既定标准为约束，寻求适用于我国的综合能源体系建设模式。

(5) 强力推进我国的智能电网建设。作为未来整个能源供应体系中的核心部分，智能电网应承担更大的责任，其发展模式、相关技术需要满足未来综合能源系统实现的需要。

综上，为更好地应对综合能源突发问题，在国家政策上应该鼓励能源供应商的筹建，提高其积极性，更好地为终端用户提供全方位解决方案。一次能源需要通过合理协调对能量的阶梯利用来提升整个系统能源利用率；可再生能源的大规模开发会加剧系统之间的深度耦合，更需要不同能源系统间的协同与配合；用户存在多样化用能需求，同样需要不同供能系统之间的协作；不同供能系统(供电、冷、热)峰谷交错造成的设备利用率低下的问题，也可通过不同供能系统间的协调配合来缓解。上述问题的实现急需综合能源供应商的出现。综合能源供应商可以为用户提供各种用能需求的一体化服务，同时通过不同供能系统和不同用能单元之间的协同配合，实现企业效益最大化和能源利用率最佳的目的。国家应在政策上允许和鼓励筹建区域性或全国的综合能源供应商，并通过企业自身的参与，促进不同能源系统之间的协同和优化，达到综合能源系统安全高效运行的目的。

2) 在区域层面上需要开展综合能源供应网络的规划工作

目前，各种区域形式的能源供应系统(电力、天然气、热力等)彼此缺乏统一协调。因此，整个系统存在设备利用率低、安全性低、灵活性差等一系列问题。在未来，我国更应该加强综合能源系统运营的研究，加快建立并完善系统运营的相关机制。根据不同区域情况，对系统内各类能源的供应网络进行统一协调和规划，实现多种能源输入的同时满足用户电、热、冷多种能量形式的需求。通过能源按需匹配、逐级利用来实现能源利用率的优化，减少能源网络建设和运行费用。

为此需要关注如下几点。

(1)从气候特点上考虑，应探索适用于我国北方高寒地区、过渡地区(黄河与长江间所辖区域)和南方温暖地区的最佳综合供用能模式。

(2)从用能和供能关系上考虑，应探索能源输出地区(如中西部能源输出省市)、能源输入地区(如东部能源输入省市)、能源传输地区的用能和供能最佳模式。对于能源输出地区，其本地用能需求小于能源产出，因此在保障本地用能需求的前提下，如何保证能源的安全高效外送是首要解决的问题。对于能源输入地区，其本地能源供应主要来源于外部输入，如何保证能源的平稳、安全和高效供应，则是其关注的重点。

(3)应研究适用于我国(特)大型、中型、小型城市及乡镇的区域综合供用能模式。随着我国现代化水平的提高、城镇化进程的推进，在一段时期内，我国将呈现出大、中、小城市(镇)并存、统筹兼顾的发展格局[31]，不同体量的城市规模，其供用能模式存在显著差别，为此需根据城市规模大小(大、中、小)、城市定位(综合型、工业型、商业型、旅游型等)、区域分布(东、西、中部，发达地区，欠发达地区)等情况，探索适用的城市、乡镇区域供用能模式。

我国现已通过多种国家级研究计划，先后启动了多项与综合能源系统相关的科技研发项目，并与新加坡、德国、英国等国合作，合作内容涵盖研发项目基础理论、关键技术、核心装备和工程示范等。国内多所高校和两大电网公司、中国科学院等研究单位已经在综合能源领域形成较为扎实的研究方向和科研团队[32]。

1.3 综合能源服务发展前景与展望

在当前能源变革新时代发展背景下，能源企业从生产型向服务型转型发展已经成为能源发展的必然趋势。在我国各类能源企业探索并开展综合能源服务业务、向能源行业全产业链服务延伸发展的进程相对较晚，但呈现出蓬勃发展的业务转型发展态势。

目前，我国已经在能源战略、规划、财政、价格、税收、投融资、标准等诸多方面出台和实施了众多与综合能源服务发展相关的支持政策。与此同时，能源领域的体制机制改革也在加快推进，这为综合能源服务的发展创造了良好的政策环境。由此，我国能源技术创新已经进入高速发展期，新能源科技成果不断涌现。以云计算、大数据、物联网、移动互联网、人工智能(简称“云大物移智”)为代表的先进信息技术正以前所未有的速度更新迭代并加速与能源技术融合，综合能源服务有望得到有力的技术支撑。综合考虑政策环境、技术支撑等因素，我国综合能源服务市场需求巨大，发展前景广阔。

在国际上，美国、日本、欧洲等国家及地区的能源企业向综合能源服务转型发展较早，所开展的综合能源服务业务包括综合能源绿色节能服务、分布式能源开发高效利用服务、能源交易服务、能源金融服务等多种服务类型。业务内容、服务形式、商业模式等不断创新并日趋多样化的发展模式。我国各类能源企业探索开展综合能源服务业务起步相对较晚，但呈现出强劲的业务转型发展态势；在转型发展路径上，大都采用“1+*N*”模式，即一项主营业务向能源行业全产业链服务延伸发展，发展势头较好[13]。

综合能源服务的内涵在国内外还没有一个标准而准确的定义。在我国能源改革新时代的发展背景下，全社会综合能源服务的内涵是：以支持建设现代能源经济体系和促进能源经济高质量发展为愿景[33]，以满足全社会日益多样化的能源服务需求为导向，全面投入人力、物力、财力等要素资源，整合利用能源、信息通信技术和管理手段，提供多能源品种、多环节、多客户类型、多内容、多形式的能源服务。

关于综合能源服务对象的划分，大体上可分为三大类：能源终端用户，能源输配、储存、购销企业以及能源生产、加工、转化企业。这三类服务对象分别有不同的综合能源服务需求。

第一类为能源终端用户，包括用能企业、公共机构、居民用户。这类服务对象的综合能源服务需求一般包括：①综合能源供应服务，如煤、电、油、气、热、冷、压缩空气、氢等能源的外部能源供应服务；②用户侧分布式能源资源综合开发利用服务，如太阳能、风能、生物质能、余热/余压/余气的开发利用服务。

第二类是能源输配、储存、购销企业。这类服务对象的综合能源服务需求一般包括：①与能源输配、储存、购销设施建设有关的规划、设计、工程、投融资、咨询等服务；②与能源输配、仓储、购销设施运行相关的安全、优质、高效、环保、低碳、智能化等服务。

第三类是能源生产、加工、转化企业。此类服务对象的综合能源服务需求一般包括：①与能源生产、加工、转化设施建设有关的规划、设计、工程、投融资、咨询等服务；②与能源生产、加工、转化设施运行相关的安全、优质、高效、环保、低碳、智能化等服务。

从政策环境、技术支撑、市场需求三个维度综合分析和判断，我国综合能源服务发展前景广阔，并将呈现加快发展的趋势。

1.3.1　政策环境

在国际能源日益枯竭及环境保护的背景下，我国的能源战略目标是建立现代化的能源经济体系，大力发展现代服务型能源经济。目前，我国已经出台了相关的支持政策，包括能源战略、规划、财政、价格、税收、投融资、标准等方面，能源体制改革也在加速进行中，为我国综合能源的发展提供了良好的政策环境。

在能源发展战略层面，我国出台了《能源生产和消费革命战略(2016—2030)》

(以下简称《战略》)。对能源生产侧要求推进低碳生产，采用集中式和分布式相结合的方法，使新能源的并网率大幅上升；对能源消费侧要求优先使用绿色低碳的电力，进一步扩大城乡电气化及信息化的建设。《战略》对我国的能源经济体系建设、绿色能源的发展具有很强的推动作用，并且是我国综合能源服务的总体发展方向。

在能源发展规划方面，“十四五”期间，我国持续夯实能源保障基础，把能源安全作为高质量发展的基石。大力推进非化石能源高质量发展，多措并举提高非化石能源比重。持续完善绿色低碳转型政策体系。深化能源利用方式变革，适应经济社会清洁化、低碳化发展趋势。

在能源经济政策方面，我国对财政、价格等颁布了一系列的支持政策，例如，设立节能减排政府补助金、新能源专项基金；减少新能源的税收等政策。这些政策的出台及施行，为综合能源服务的发展提供了经济政策支持。

在能源领域的体制改革方面，油气领域进一步改革及完善，运营服务加快向社会开放；在能源消费侧增添配电试点、分布式新能源以便逐步提升发电比例，新一轮的电力改革正在加速进行并且已经取得了瞩目的成果。

随着我国能源“四个革命、一个合作”持续深入推进，综合能源服务发展将会得到进一步的政策支持。

1.3.2　技术支撑

我国顺应时代发展的潮流，将能源科技创新放在了国家能源战略的优先位置，出台了《能源技术革命创新行动计划(2016—2030年)》等重大政策举措，大力发展能源科技，构建技术研究、装备、示范工程及技术创新平台一体化的能源体系，并且为我国的新能源技术发展提供了强有力的保障。

随着保障政策的推行，我国的能源科技创新取得瞩目的成果，例如，以“云大物移智”为代表的先进信息技术与能源技术进一步融合。我国能源产业正处在加速变革阶段,并且能源创新技术为综合能源服务的开展提供了有力的技术支撑。

在能源技术创新方面，我国的光伏发电及风力发电得到了很大的技术改善，有望实现平价上网。随着综合能源服务的储能技术不断研发，可靠性、容量、设备寿命等指标得到了有效的改进，储能技术逐渐步入商业化或示范应用阶段。电动汽车快充、无线充电等技术的发展使得续航里程逐步与燃油汽车持平。这些新能源技术的发展及应用，为分布式新能源发电的开发和利用、综合能源的储能、电动汽车的发展等提供了有力的技术支撑。

我国的云计算技术、大数据技术、物联网技术、移动互联网技术、人工智能技术等先进的信息技术在能源领域不断渗透，为综合能源服务带来前所未有的发展机遇，如智慧用能服务、能源智慧输配服务、能源金融智慧化服务等。

1.3.3 市场需求

结合政策环境及技术支撑等因素，我国的能源服务市场需求巨大，具有广阔的发展前景，以下是关于七类综合能源服务细分市场需求的分析结果。

1. 综合能源输配服务市场

建设及运营输配电网络、区域集中供热/供冷网、油气管网等都隶属于综合能源输配服务市场。其不仅为客户提供能源输配服务，还可以为其他能源服务业务提供网络基础设施支持。近年来，电、气、热网的建设年投资均在千亿元级；热网的相关建设主要集中在我国的北方地区；配电网、微电网的建设为电力输配的新需求提供服务。预期之后一段时间内电、气、热网建设的年投资水平将维持在较高的水平。

2. 电力市场化交易服务市场

在政府的推动下，电力改革不断有序进行，大力推进电力市场化交易，市场化交易电量大幅增长，市场主体趋于多元化。2018 年 7 月，国家发展改革委、国家能源局发布了《关于积极推进电力市场化交易 进一步完善交易机制的通知》，其中明确提出：提高市场化交易电量规模；推进各类发电企业进入市场；放开符合条件的用户进入市场。随着政策的出台及施行，电力市场已经得到了飞速发展。

3. 分布式能源开发与供应服务市场

我国的发电企业、电网企业及燃气企业等均积极响应国家号召，向综合能源系统产业链的上游发展，开展多种新能源发电的供应服务，包括分布式光伏、风电、天然气三联供，区域集中供热/供冷站的投资、建设、运营服务，以及余热/余压/余气的开发、利用、服务等。分析结果表明：近年来，分布式光伏、分散式风电与海上风电、生物质能发电、天然气等分布式能源开发利用的年投资需求均在百亿元级水平；煤层气发电、余热/余压/余气发电的年投资需求则相对较小，大概在十亿元级的水平。预期未来几年的余热/余压/余气发电的年投资需求将进一步降低[13]。

4. 综合能源系统建设与运营服务市场

综合能源系统是指在一定区域内运用先进的物理信息技术和创新的管理模式[32]，一种能够有效提高能源系统效率，促进能源可持续发展，同时满足系统内多样化能源需求的新型综合能源系统，在满足系统多样化用能需求的同时，有效提升能源系统效率、促进能源可持续发展的新型一体化能源系统。综合能源系统是能源互联网的物理系统形态，其基本特征在于多种能源子系统之间的“横向互补、纵向协同”，如风光水火储多能互补系统、终端一体化集成供能系统、基于微电网的综合能源系统。综合能源系统的建设和发展在我国还处于摸索和起步阶段，主要为示范及试点工程和一系列政策推动其发展。随着我国电力市场化改革的推进、“云大物移智”技术的发展与应用、相关支持政策的加强等，未来其市场需求可能走强，并可能成为综合能源服务业务发展的重要新方向。

5. 节能服务市场

在所有综合能源服务领域中，我国的节能服务市场相对成熟。各级政府对节能工作做出全面战略部署，出台了一系列节能政策和措施，包括：编制和实施节能减排战略规划；完善和加强节能减排主体体系建设；实施有利于节能减排的产业政策；组织开展节能减排重大项目和行动；调整和完善节能减排财政激励政策；探索和推进节能减排市场化机制；开展各类节能减排试点示范；支持节能减排技术的创新、推广和应用；加强节能减排国际合作；等等。

6. 环保用能服务市场

我国部分地区能源生产和消费环境承载力接近上限，大气治理形势严峻，清洁能源替代任务艰巨。根据“十四五”规划的总体要求，“十四五”期间我国能源发展的一个主要目标是增加清洁能源供应能力和提高清洁能源替代水平。为了实现这一目标，我国政府先后出台并实施了多项清洁替代能源政策，为环保服务业的发展提供了良好的政策环境。分析结果表明：“十四五”期间，电能替代新增用电量将达到 8000 亿 kW·h，2025 年电能占终端能源消费的比重将达到 30%以上。

7. 综合储能服务市场

储能对于提高能源系统的安全性、可靠性、经济性和绿色程度具有多重价值。这是我国能源改革的一个重要方向。

第 2 章　综合能源系统规划与评估技术

2.1　综合能源系统多能互补机理

多能互补综合能源系统是一种展开式的传统分布式能源应用，在能源系统领域方面以具象化的整合理念展开，由点向面、局部到整体的形式在分布式能源系统内拓展。具体来说，多能互补分布式能源是多种形式能源的输入，在“区域能源互联网”系统中输出功能和优化形式。这不是简单累加，是需要根据各种能源需求、能源指标的高低来进行综合能源互补，最终统筹兼顾，将每种能源关系有机分配、合理转化，达到最理想的能源利用目标[34]。

2.1.1　发展多能互补综合能源系统的必要性

尽管当下社会科技成果愈发显著，人们的生活质量也飞速提升，但科技发展给环境带来的后果愈发严重[35]。当前，国家对于环境的治理越来越重视。我国的环境治理工作已经得到全社会的大力支持和关注，环境质量正在好转，但环境质量提升的过程中出现了一些问题，如雾霾天气、极端天气等。电力发展对环境的影响主要表现在以下几方面[36,37]。

1. 火力发电对环境的影响

我国目前电力行业的能源消费以一次能源为主，一次能源主要包括煤炭、石油、天然气等化石能源，其中煤炭是我国发电的主要消耗品。截至 2022 年，我国电力发电量中有 66.5%来自于火力发电。电力行业已经形成了以火力发电为主的电力能源结构，这导致二氧化碳、二氧化硫排放量居高不下。虽然目前已经采取了先进的二氧化硫和烟尘排放控制技术，但是在世界范围内，我国二氧化硫和二氧化碳排放量位居世界第一位和第二位。2023 年数据显示，电力行业排放的二氧化碳、二氧化硫、氮氧化物和烟尘分别占据全国总排放量的 40%、54%、41%和 60%，环境污染造成的经济和生态破坏损失相当于全年 GDP 的 7%～20%。

2. 水电开发对环境的影响

水电作为新兴能源一直被大家关注，许多专家称水电是纯绿色无污染的能源生产方式。我国水资源开发利用程度持续领跑全球，2022 年，我国常规水电装机容量达 36771 万 kW，2022 年核准常规水电站工程平均单位千瓦投资为 13319 元；抽水蓄能站已建投产总规模达 4579 万 kW，核准在建 1.21 亿 kW。除西藏外，我国的水电资源基本已开发完毕。由于长期以来在认识上的误区，大家都认为水电是比火力发电更清洁、高效的能源，认为其是绿色环保能源。这是一种认识上的误区，相对于火力发电在开发过程中对环境造成的影响，水电在开发过程中对环境造成的影响有时更加严重，不可逆转。

3. 核电发展带来的环境保护问题

从核电的发展来看，核电虽是清洁能源，但产生的放射性废物并不清洁，甚至有很大危险性。核废物主要包括乏燃料和低放废物，前者是具有放射性的过剩反应堆核燃料；后者是在核电站操作过程中使用的工作用品，如仪器仪表设备、工作手套及工作服等[38]。乏燃料中的众多放射性元素都拥有数以万年计的半衰期，长的约为 210 万年，短的也有 500～600 年，这些辐射对人体危害极大。目前，大部分放射性废弃物质都采用集中放置和掩埋处理的方法，但这些方法不是长久之计。

4. 风电发展对环境的影响

风电是清洁能源之一，在解决二氧化碳排放问题中具有明显的优势，但仍会对环境产生不利影响。其影响主要体现在以下几方面：①在发电进程中对于植被的破坏、地貌影响及水土流失等问题都会对自然生态造成不可逆转的影响；②风电发展对虫类、鸟类和牲畜类等自然生物造成影响，严重时会导致自然生物的死亡，对自然界的生物链造成破坏；③发电过程中不可避免地产生极大的噪声污染，对生态环境、生产生活造成不利影响；④发电对自然生物的生态准则也有着极大影响，如大雁南飞、鸟类迁徙，由于风向的改变，风力高度的增加使得鸟类的飞行轨道不得不发生改变[39]；⑤发电项目的开展必然需要硬件设施的支持，如道路、水源等，风电场的建设需要一定的土地面积，这对人类的生产生活也会造成不便。

前面阐明了多能互补综合能源系统设计的必要性，下面将探讨多能互补综合能源系统的基本结构，并就其存在的问题提出一些优化措施。

2.1.2　多能互补综合能源系统结构设计

多能互补综合能源系统涉及多种能源的输入、输出以及能量转化设备[40]，并通过信息化手段将供电系统、供气系统及供热系统形成耦合关系，见图 2.1。

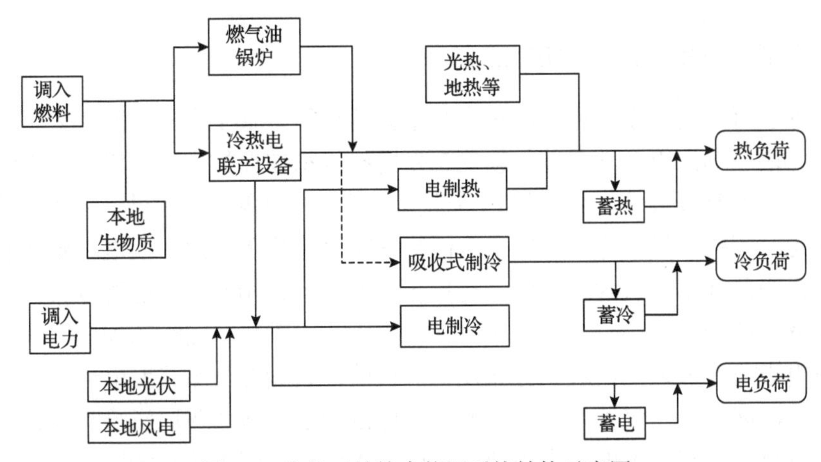

图 2.1　多能互补综合能源系统结构示意图

2.1.3　多能互补综合能源系统组成

根据园区的电负荷和冷热负荷需求现状以及供能的多样性，构建了一套综合能源系统。此系统以风力发电技术、太阳能发电技术、天然气分布式供能技术、空气及燃料电池等技术为主要的供能手段[41]，建设、完善能源输配网和储能设施（包含电、热、冷储能），并配套建设智慧能源管理平台，构建一个完整的园区级能源互联网。

多能互补综合能源系统的物理构成包括供配电系统、冷热电三联供系统、光伏系统、风机系统、储能系统等。园区综合能源系统结构见图 2.2。

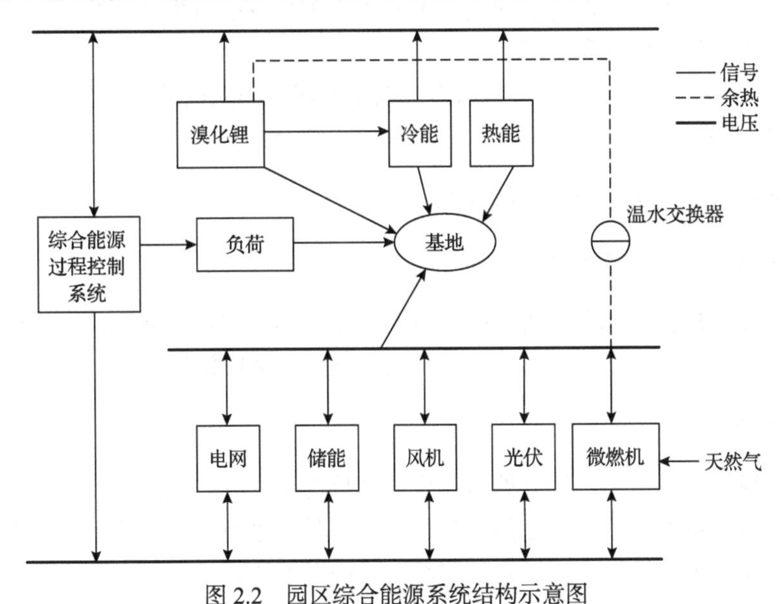

图 2.2　园区综合能源系统结构示意图

2.1.4 多能互补综合能源系统特点

环保、可再生是新能源发电技术最重要的特征。基于当前情况，太阳能、风能、海洋能、潮汐能、地热能等新能源发电技术都在保护生态环境、再生情况及需求储备方面有极大的优势，但其中也稍有不足，如各个地区对于新能源的发展并不稳定，产能质量较低、密度不达标等情况[42]。当下，风力发电和新能源分布式发电是当前技术中较为成熟的。与传统的发电形式相比，新能源分布式发电的发电功率一般相对较小，多则几十兆瓦，少则几十千瓦，而距离配电网和负荷较近的发电设备一般采用模块式分布发电。目前，新能源分布式发电可利用风能、氢气、太阳能和天然气等环保型能源，既可以给出具体的环境影响指标，又可以将其定量化。分布式发电的应用范围很广，小则可应用于体育场馆，大则可应用于矿产企业、医疗部门等，同时也可做一级场所的紧急备用电源，在经济方面更是比传统发电能源效率提高 7%～9%。总体来说，分布式能源发电在经济效益和环境方面都展现出极好的效果，同时能为生产用电提供可靠的保障，也为偏远山区解决用电困难的问题，减少因距离问题所造成的网损。多能互补综合能源系统的供电系统主要涉及以下几方面。

(1) 风力发电技术。该技术是指将风能转化为电能，主要有两种发电方式[43]：其一是以独立电源的形式向距离较远的地区发电；其二是并列运行的多台机组协同工作，将风能转化为电能。

(2) 新能源电池发电技术。太阳能发电是根据半导体材料所产生光电现象的原理，以新能源电池作为能源转化的主要对象实现的发电技术[44]。独立型、并网型是利用太阳能发电的两种形式。

(3) 小型水力发电技术。小型水力发电中电网与小型电站相配合，分别以四种形式发电，即抽水蓄能式、堤坝式、引水式和混合式。

2.1.5 多能互补能源系统存在的问题

1. 影响配电网的安全运行

利用分布式新能源发电的结果通常会导致原本正常流动方向的短路电流发生改变，分布特性也随之变化，最终配电网会随之向多电源转变[45]。

2. 影响检修安全

在一般情况下，用户侧并网若产生的结果为平衡时，那最终就会发生孤岛现象，当发电设备发生系统内在问题时，维修人员会进行及时检修，如果系统自身的保护功能消失，最终会给维修工作者造成一定的伤害。

3. 影响计量安全

计量安全要从资产属性和电力技术两方面分析，若有用户采用新能源取电，则需要将分布式新能源发电系统接入到配电网中，并在该用户家中安装新能源发电表计，从而提高计量安全和准确性。

2.2　综合能源与负荷需求分析方法

2.2.1　负荷预测与分析

根据电力负荷、社会状况、经济情况、气象现象等过往数据可以得到负荷预测结果，根据其规律变化为以后的负荷预测提供好的基础。在规划综合能源初期做策划的方案相对基础，这会直接影响结果的产生，而全年负荷预测是在投资成本、运行成本、回收年限等条件的基础上建立起来的。

通常预测负荷方法是根据计算方法仿真模拟出的，基于逐时负荷因子法、能源负荷分摊比例法还需要利用一些建筑计算理论。就当下情况来说，计算机仿真模拟是利用历史预测数据、逐时能源负荷分摊比例法和荷因子法等得到的，如在某区域中心试验测试中，根据空调负荷的计算仿真得到日冷热负荷和年冷热负荷，利用 HDY-SMAD 和 DeST 软件进行深度预测；一些地区的高级酒店和办公大楼会统一进行冷、热、电负荷的预测，利用 DeST 软件进行计算仿真，得到各种时段的电负荷及热能的变化情况。得到基本的冷热电负荷后，与一些相关软件计算得出的数据一起根据逐时能源负荷分摊比例法模拟预测某区域的用电负荷，通过各区域的不同功能及规模类型，得到建筑的冷、热、电负荷研究结果，最后绘制各类型曲线，如日负荷曲线、全年负荷曲线，利用曲线的变化得出负荷的变化趋势、范围及规律。最后可以得出利用建筑特性所设计出的能源系统比传统系统具有更明显的优势[46]。

2.2.2　负荷预测基本原则[47]

1. 拟合与预测

预测所得到的数据并不是历史拟合的结果，如果最终数据结果有三个，那么尽管最后得到的多项式结果与拟合完全一致，预测结果也不一定良好，关键是要把问题先简化再解决。

2. 近大远小

时间对数据和未来趋势相关性程度影响较大，时间较远的数据和未来趋势关系不大，但是可以进行数据拟合并比较。

3. 负荷成因分析

负荷成因分析是从内在规律出发，从电力系统的视角进行分析，不能把负荷预测作为单纯的数学问题，应该从电力系统的角度，重视负荷发展的内在规律，通过分析，可以得到影响负荷的重要因素及其发展规律，对算法的选择应用有重要的作用。

4. 负荷预测需要考虑的因素

负荷预测是需要考量多种因素的，与时间息息相关，短期内预测要将天气状况、节假日类型考虑在内，更要和实际情况相结合，实际的天气情况会对负荷预测产生很大的影响，峰时电价对负荷预测也很大。

5. 综合预测法

多个预测数据的有机结合就是综合负荷预测，单一数据只能代表规律的一部分，不能完整地展现并确定负荷规律，所以在判断负荷变化规律之前需要先采用综合预测法，根据不同负荷的重要程度分配不同的权重值，使得最后的预测结果更有力，一般预测误差不超过单一预测模型结果的平方和最小值。

2.2.3 负荷预测的数学方法[47]

1. 非线性规划

典型的非线性规划可以进行如下的描述：求取 $f(x)$ 的最小值 $\min f(x)$，条件为 $h_i(x)=0$，i=1, 2,⋯, m，$g_j(x)\geqslant 0$，j=1, 2,⋯, n，相当于有 i+j 个约束条件；这类问题分为有约束极值问题以及无约束极值问题，无约束极值问题相当于 i 和 j 都为 0，一元回归分析模型是典型的无约束极值问题，一般梯度法是最优解法。有约束极值问题的解法通常采用制约函数法以及库恩-塔克条件。

综合预测属于二次规划问题，是典型的有约束极值问题。

2. 遗传算法

遗传算法属于随机优化算法，传统算法一般以目标函数的梯度作为寻优方向，容易收敛到局部最优点，而遗传算法通过选择、杂交、变异、评价等各类操作，使群体进化到搜索全局最优解。遗传算法是解决没有约束条件的优化问题，又可以求解含上下限的约束条件。

遗传算法的缺点如下。

(1) 遗传算法在优化后期时计算效率较低，计算速度变慢，同时局部搜索能力也相对较差。

(2)算法的实现过程是需要物理量参数的，正确的参数选择会影响算法的精度，而参数的选择是根据以往的历史经验得到的，如变异率和交叉率。

(3)计算速度慢导致求解时间变长，网络反馈信息得到得也不及时，全局性的搜索会需要较长时间。

3. 最小二乘法

假设实际数据对为(X_t, y_t)，使用预测模型进行拟合，假设拟合的函数为

$$y_t = f(S, X_t, t) \tag{2.1}$$

若使拟合的残差平方和最小，则使拟合函数值与实际数据的差的平方和最小，即

$$\min Q = \sum_{t=1}^{n}(y_t - f(S, X_t, t))^2 \tag{2.2}$$

此残差的最小值可以用下列条件取得，其中S是参数矩阵。通常会得出一组方程组，分为线性和非线性两种，若为非线性方程，方程形式不固定，所以要先确定方程，估计参数后再进行迭代求解；若为线性方程，因为方程形式不变，所以可以直接求解。

4. 回归分析法

根据自变量和因变量与方程之间的关系将回归分为一元线性、一元非线性、多元线性三种形式。

一元线性回归分析模型可以表述为

$$y = a + bx \tag{2.3}$$

该模型的优化目标为残差平方和的最小值，并利用最小二乘法直接求解a和b，即对a和b求偏导。

多元线性模型可以利用最小二乘法求解表述为

$$y = s_0 + \sum_{i=1}^{m} s_i x_i \tag{2.4}$$

式中，$[s_1, s_2, \cdots, s_m]$为参数矩阵。

通常回归模型只能用于单调的序列当中，不能应用在具有周期相关性的自变量和因变量当中。

5. 时间序列分析法

时间序列分析法是以时间序列为研究对象，时间序列的选择本身具有随机

性，在分析时间序列前，首先需要随机选择并利用原始数据建立一个模型，再进行输出参数的估计。

主要的分析方法有自回归（autoregressive，AR）模型、移动平均（moving average，MA）模型、自回归移动平均（autoregressive moving average，ARMA）模型、差分自回归移动平均（autoregressive integrated moving average，ARIMA）模型用于非平稳的时间序列，对于周期性时间序列，则可以用 X-12-ARIMA 模型。

6. 特征选择以及特征提取技术

特征选择以及特征提取技术对于样本的确定是非常关键的。通常减少学习特征并不能降低学习结果的准确性，在机器学习中学习特征越少，则学习过程越短，同时又可以提高准确性。其中负荷的选择与多种参数相关，如果负荷与温度弱相关，那么降低温度既可以提高准确性，又可以提高机器学习速度。

所利用的算法类型主要分为过滤模型和包装模型，其中过滤模型是用来搜索最小特征集；包装模型是通过学习特征选择算法提高准确性。

7. 支持向量机

传统的负荷预测的机器学习算法是神经网络，尤其是反向传播（back propagation，BP）神经网络[48]，其特点是应用范围广但适应度较低，对收初值的选取要求较高，否则会对训练效率、训练结果产生较大影响。

为了有效解决传统神经网络局部极小值、过拟合等问题，会利用支持向量机将训练数据映射到一个很高维度的空间，在这个特征空间中会存在一个超平面，该平面主要核心是将正反例间的距离最大化，其中支持向量机在非线性、高维数据等智能学习中有良好表现。对于一些典型问题的解决，就需要在超平面的高维空间里去确定输入、输出变量之间的关系。

2.3　综合能源规则建模及求解

2.3.1　模型简介

模型将综合能源配网中的每个终端综合能源单元分别与电力网、天然气网和交通网中的一个节点相对应，实现三层网络的相互影响、深度融合[49]。

本节提出了考虑综合能源系统的配网嵌层规划方法，外层主要从电网角度出发，决策线路升级和新建、分布式电源安装容量以及快充站的建设等相关变量；内层以综合能源供给转化策略为基础，通过优化能源转化行为来提高配网总体效益。嵌层规划关系见图 2.3。

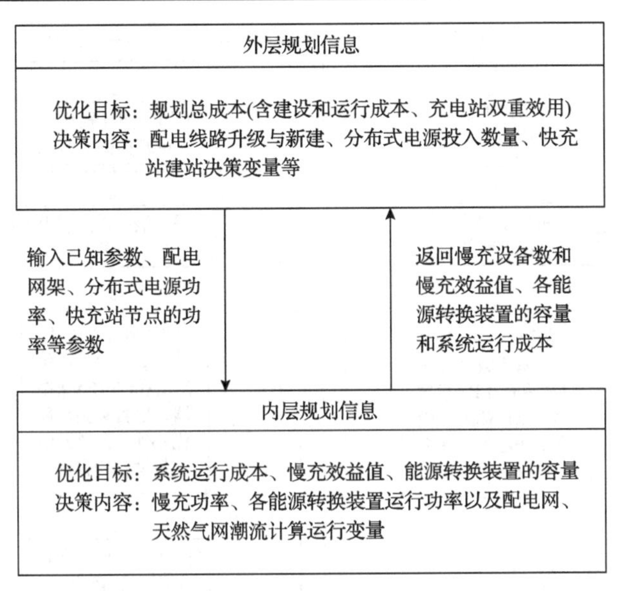

图 2.3　嵌层规划关系示意图

外层规划首先通过决策变量确定已知参数，导入内层后便可进行综合能源系统潮流计算；当内层最优潮流计算结果收敛后，将相关参数返回给外层，计算当前规划方案的总成本。该嵌层规划思路可以将外层电力规划和内层综合能源调度进行分层，不仅能够有效求解电力系统和天然气系统的最优潮流，还可以减少规划模型单层变量总数，大大减少程序计算的复杂度。

2.3.2　模型线性化及求解算法

CPLEX 是一款强大的求解软件，它可以灵活嵌入各个平台调用，且求解效率较高。使用 MATLAB 平台，基于 Yalmip 工具箱调用该软件，对内层的最优潮流问题进行求解。

CPLEX 虽然求解功能强大，但对于非线性整数规划问题目前仍然无法完美解决。因此，首先需要对所提模型进行线性化处理，将原模型转为混合整数二阶锥规划问题。同时，由于快充站模型涉及许多难以松弛的非线性项，可以将其相关变量置于模型外层，通过改进的遗传算法进行求解。

2.3.3　模型求解流程

本章所提模型的求解流程见图 2.4。具体求解步骤说明如下。

(1) 输入已知参数，基于遗传算法思想，随机生成关于配电网线路升级和新建、快充站建设变量的初始种群。

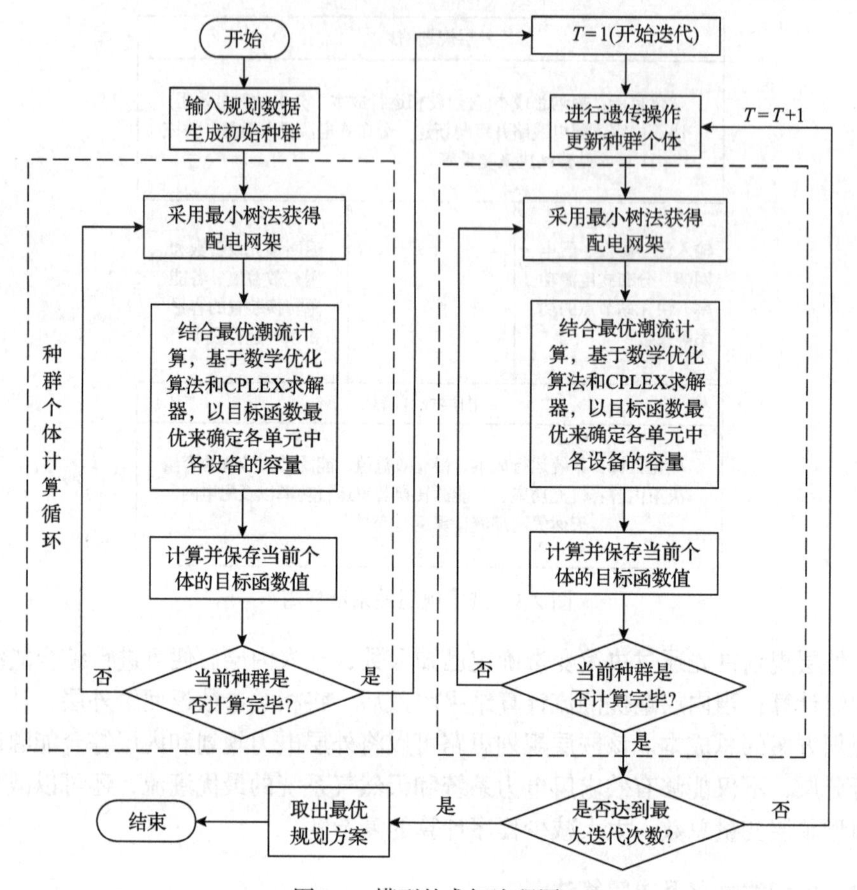

图 2.4　模型的求解流程图

(2)对种群中的个体进行循环计算。根据外层决策变量，采用最小树法获得配电网架，并结合时序参数一并导入内层，通过数学优化算法和 CPLEX 求解器计算出每个个体的目标函数值。

(3)通过改进的遗传算法对外层的种群进行交叉、变异操作[50]，并将产生的子代和父代混合，基于精英策略淘汰劣势个体，产生新的种群。

(4)当前种群个体达到最大迭代次数，以其目标函数值作为最终的规划方案；否则返回步骤(2)继续进行运算。

2.4　综合能源系统评估方法

2.4.1　技术背景

当下能源紧缺，新能源互补已经是这些年科研人员共同关注的问题，即如何在保证环境问题的基础上提高综合能源利用率。多种类型的能源紧密融合、相互关联，使新能源在整个综合能源系统中成为最关键的供能系统，这就需要对整个能源系统本身进行深度剖析、测试和运行[51]。理论看似简单，实则并不是多类型能源的简单叠加，首先需要多种能源类型的转换元件，利用该元件将多种能源的输入输出转换，再与电力系统、供气系统、供热系统和供冷系统建立耦合关系[46]。而且，综合能源系统相对于各单种能源来说，满足了新时代用户多样化的个性需求，但是无法知道能源的利用率是否增加了综合能源系统的复杂性。因此，亟须提供一种多能互补能源系统的能效评估方法。

2.4.2　技术实现要素

这种综合能源系统的能效评估方法，从多能互补综合能源系统的本质特征出发[10]，把电能设置为基准用能形式，通过综合考虑电能和天然气的输入以及发电、供冷供热的输出等实现对综合能源系统的能效评估。综合能源系统的能效评估方法主要包括如下步骤。

(1)确定待评估综合能源系统的边界。

(2)确定待评估综合能源系统能量阶梯利用率的计算公式。

(3)确定待评估综合能源系统中各能源利用率的权重。

(4)确定待评估综合能源系统的能效评估参数。

(5)获取待评估综合能源系统的运行数据。

(6)利用待评估综合能源系统的运行数据、能效评估参数以及各种能源利用率的权重，计算确定时间间隔下待评估综合能源系统的能量阶梯利用率，并根据能量阶梯利用率的计算结果得到待评估综合能源系统的能效评估结论。

2.4.3　综合能源系统的能源流向分析

从能源流向的角度分析，综合能源系统全流程包括一次能源输入、能源转换、二次能源、能源消费环节，电力与热力作为两种不同的能源形态，能源利用率的体现形式不同，而且可以相互转化，为避免由效率重复计算导致综合能效评估结果的偏差，从二次能源利用环节出发评估综合能效。该环节电热系统相对独立，分界清晰，而且容易统计计量，二次能源环节主要包括中低压配电网和一次热力网，如图2.5所示。

2.4.4　指标体系构建原则

为确保综合能效评估结果的科学合理性，根据评估目的和数据采集条件，确定评估指标原则和方向。

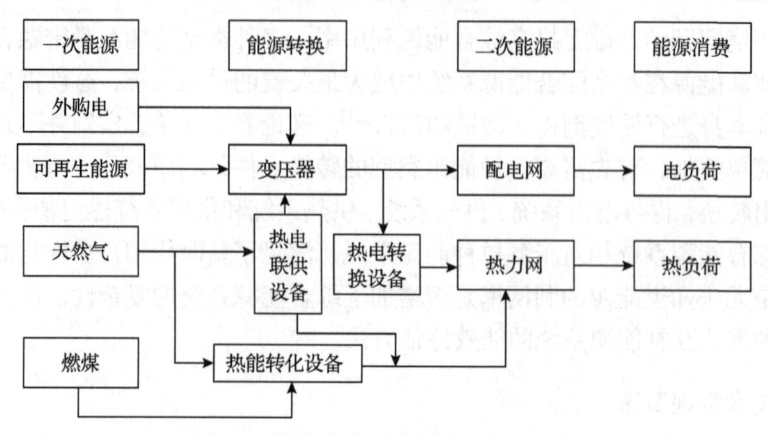

图 2.5　综合能源系统能源流向示意图

(1)以包括中低压配电网和一次热力网两种形态的二次能源供能网络为评估边界，统筹考虑能源系统的设备静态参数与动态运行状况以及用能质量，在评估边界内确定综合能效评估指标。

(2)参考现行国家标准《中低压配电网能效评估导则》(GB/T 31367—2015)、《城镇供热系统评价标准》(GB/T 50627—2010)、《民用建筑供暖通风与空气调节设计规范》(GB 50736—2012)等，选取系统的能效评估标准，采用相关国家标准规范中给出的基准值，未规定基准值的以同类型系统先进值为基础，对照实际数据确定基准值。

(3)考虑到电力与热力计量的实际情况，在进行指标的筛选时，以实用性和可操作性为方向，确定能效指标，确保各指标的基本数据资料在变电站、供热站都可直接或通过计算间接获取，方便收集基础数据。

2.4.5　指标体系构成

借鉴层次分析模型建立评估指标体系，层次分析模型分为三层，分别为目标层、准则层、方案层[52]。目标层即为综合能效，中低压配电网与一次热力网的能效状态直接反映整个能源系统的综合能效水平，因此，将中低压配电网、一次热力网作为第二层准则层指标。方案层为各类能效指标，可分为如下两类。

(1)体现系统运行能效特性的动态运行指标，反映系统的运行状态[53]。

(2)体现系统静态能效特性的静态参数指标，反映系统本质能效属性，同时会影响系统的运行能效。

就配电网和热力网这两类能源网络而言，静态参数指标可直接反映系统关键设备配置的合理性与能效水平。例如，S11 高效变压器与同容量 S9 型变压器相比，空载损耗明显降低[54]；主干线截面、供电半径作为静态参数，反映变电站的规范程度，而且会影响供电线路的损耗；系统耗电输热比是静态参数，可直接反映输配水泵选型的合理性，水泵选型偏大则可能造成系统运行能耗过高；高效型号配变占比、主干线截面合格率、供电半径合格率、系统耗电输热比等静态参数指标均会影响能源系统的运行能效。指标体系涵盖静态与动态参数指标，可保证指标的全面性。除了直接或间接反映电力和热力这两种能源利用水平指标外，将反映用户热舒适度的预测不满意百分数(predicted percentage dissatisfied，PPD)指数纳入综合能效评估指标体系，PPD 指数可从用户角度衡量热力网供热质量。

指标具体包括：中压配电网综合线损率、低压配电网综合线损率、低压供电电压合格率、中压配电网供电半径合格率、中压主干线截面合格率、高效型号配变占比、管网水力平衡度、管网热损失率、系统补水率、系统耗电输热比、PPD 指数 11 个指标。

本节构建的综合能效评估指标体系内涵在于：从二次能源利用的角度出发，既体现区域电力利用率、用电质量因素，又体现区域热力利用率、用热质量因素，立足于反映系统整体用能水平，实现两类不同形态能源的综合能效评估。综合能效评估指标体系结构见图 2.6。

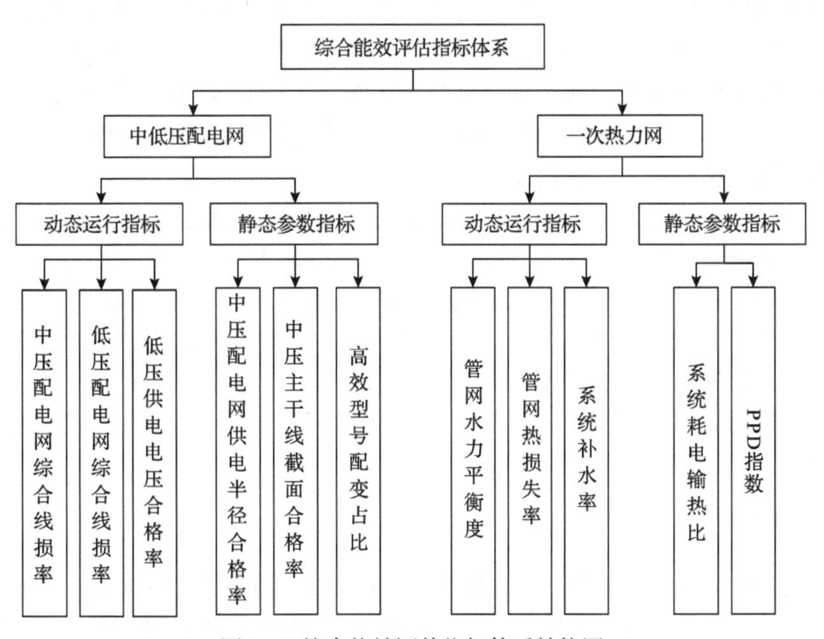

图 2.6　综合能效评估指标体系结构图

第3章 综合能源信息服务平台

3.1 信息数据采集平台

3.1.1 平台需求分析与系统整体规划

能源在工厂生产管理中的地位十分重要。生产过程需要的能源介质有电力、水、压缩空气、蒸汽、氮气等[55]。日常中对现场各处能源数据进行采集、归纳、分析，确保安全连续和经济的供应，是能源管理中的重要任务之一。但在工业生产中，能源介质管网将遍布整个公司的各个车间，具有线路长、输配要求高、现场计量仪表分散等特点。传统的数据采集方式是人工定点定时检录，费时费人工。同时对能源数据的实时性和连续性无法检测，无法及时发现能源供应问题。因此，应通过搭建能源数据采集平台，对现场实时数据进行远程采集，实现能源数据实时收集、计量设备监控、数据异常报警等功能[56]，为能源的运行调度手段、能源计划安排、实际分析及平衡预测等各方面提供有效的决策支持，确保在任何情况下能源系统安全、可靠、稳定、经济的运行。

采集平台的搭建，需在整体上考虑系统的可靠性、兼容性及安全性。整个系统分为三部分：远程测控终端(remote terminal unite，RTU)数据采集设备、能源数据传输网络、上位机综合监控软件/数据库软件。RTU数据采集设备采集现场终端能源计量设备的数据，通过能源数据传输网络将采集后的数据传输到服务器，上位机综合监控软件/数据库软件用于实现数据存储、整理、归纳和导出[57]。整体上既要考虑数据采集的准确性，又要考虑数据传输的实时性，同时要兼顾最终数据存储的安全性。

1. RTU数据采集设备

现代工厂现场环境复杂，所以要求现场采集设备满足工业级选型，能适应复杂的工业环境，支持全温区工作范围(–10～60℃)。现场采集设备需经特殊处理，可抵抗腐蚀性气体，适用于高海拔区域，且需要具有高可靠的环境适应性和可应用于各类有防爆要求场合的能力。能源计量采用的仪表根据介质类别选取，例如，空气采用涡街流量计，水采用电磁流量计/机械水表，蒸汽采用孔板流量计/涡街流量计，煤采用皮带秤/称重皮带机，电能计量采用电量表等，所以要求所选设备需能接收各种电信号，如流量的脉冲信号或4～20mA模拟量信号，同时必须具有以太网、串口等标准接口，支持Modbus-RTU、Modbus-TCP等标准协议。采集设备应采用模块式结构，具有灵活的可扩展性，便于设备更换扩展及维修。现场采集模块通道数为8或16，并在实际设计中，保证一定余量，特别是对于通信模块，下挂仪表应为最大通道数的80%，以保证通信的时效性及准确性。同时，设备应支持以太网，上位机能通过网络对现场所有设备进行远程编程、监控及管理。在设计时，根据现场能源计量点的位置，设计采集箱，采集附近能源数据，再通过以太网进行数据上传。

2. 能源数据传输网络

RTU数据采集设备采集的能源数据，通过能源数据传输网络上传到服务器进行保存、编辑。网络的合理架设，决定了整体数据的准确性及完整性。与一般网络不同，能源网络数据传输量并不大(相对而言)，百兆以太网已经完全满足数据传输要求，但是对整个网络设备的稳定性及适应性要求相对较高，一般采用工业网络交换机中的接入层交换机，并能实现远程管理。由于工厂内能源计量点较分散，一般在采集箱内设置交换机，再通过光电转换，用光纤进行网络连接，实现数据传输。由于数据平台需要与管理平台或外网对接，在网络设计中，必须重点考虑安全问题。在服务器上，需安装企业级的软件防火墙；安装防病毒软件，并及时更新病毒库；在接入交换机上划分虚拟局域网，实现各接入控制系统的网络隔离；在数据服务器上装设双网卡，保证管理网与采集网的隔离；在接入公司局域网时，装设硬件防火墙，实现硬件隔离。合理的网络架设不仅可以保证系统安全、准确运行，还能大大降低施工成本。

3. 上位机综合监控软件/数据库软件

上位机综合监控软件/数据库软件是数据采集平台的最终成果展示，所有数据的呈现、处理均由其完成。应使用完全基于服务器/客户机的HMI(人机交互)/SCADA(监控与数据采集系统)软件，具有C/S分布式架构软件的所有功能，可以监视远程节点的全部数据点；支持基于Web方式的过程图，将组态画面直接发布到网页门户上；数据库可以在不牺牲速度和性能的情况下收集和检索大量企业级历史数据；实时历史数据库的数据采集器应支持存储转发功能，当采集器和服务器发生网络中断时，数据采集器应能自动缓存数据到本地硬盘，一旦恢复通信，应能自动将缓存数据发送到实时历史数据库，保证数据不丢失。上位机综合监控软件/数据库软件主要实现以下功能。

1)数据实时监控

实现用户对能源数据的实时监视，给用户提供动态的能耗变化数据，可以查看到每个测点的属性以及累计量等信息。提供日报表、月报表、年报表等数据整理功能，并能打印输出。用户可以通过多种方式进行模糊查询，根据测点实时采集数据的稳定性和连续性判断测点是否正常，及时发现有问题的测点，以报警的方式提醒用户，记录报警(故障)便于查看。设置访问级别及内容，区别显示。

2) 实时/历史趋势监控

趋势图可以显示一定时间内的数据变化情况。实时趋势可以反映当前数据的变化情况。历史趋势可以从历史数据库中提取，可以查看不同颜色曲线数据在任意时间段的变化情况。通过查看历史趋势，可以了解长期的生产情况。当事故发生时，可以利用历史趋势进行事故追溯和事故原因分析[58]。

3) Web 发布

服务器上的能源采集信息通过 Web 发布后，生产管理人员只需通过 IE 浏览器，不需要安装其他软件就可以根据各自的权限查看现场不同的生产信息。利用企业局域网和 Internet 网络，用户可以在办公室随时通过安全登录的方式实现远程实时浏览和现场生产管理。

4) 开放数据接口

开放数据接口可以为客户关系管理(customer relationship management，CRM)、企业资源计划(enterprise resource planning，ERP)、办公自动化(office automation，OA)、管理信息系统(management information system，MIS)等系统提供数据，并与 SQL Server、Oracle 等关系型数据库方便而可靠地进行通信。以某公司数据采集平台为例，需要采集的能源数据主要是各分厂二级流量计(用于空气、蒸汽、氮气、水计量)共计 120 点、各分厂变电站电能表共计 208 块，以及自备电厂锅炉能源数据，总变电站高配电气能源数据。该公司现场各计量点及变电站分布分散，RTU 采集设备采用浙大中控 GCS 系统+日本横河 MW100 数据采集器的方式。能源传输网络采用底层网络接入，远程光纤传输使用的是 H3C 网络交换机 S1024R，同时配置力控华康工业 ISG-SC202 防火墙。数据采集服务器及 SCADA 服务器均采用三网卡，并安装金山杀毒软件企业版。上位机综合监控软件/数据库软件采用浙大中控 PIMS-Basic 及 PIMS-RTDB-S0C (0.5W)数据库软件。最终实现了全厂能源数据远程采集、实时监控、自动生成日报表/月报表、历史趋势查看等功能，为公司的能源管理及分析做出了重要贡献。

3.1.2 数据采集与集成方法及数据服务平台框架

数据采集与集成是整个综合能源信息服务平台建设的基础。数据采集要求有规模性、覆盖性和及时性，否则有碍信息决策服务的效果。该数据服务平台建立了数据处理应用制度、常规性数据采集与集成规范，可以有效维护并保证数据平台长期有效运行。而且由于数据结构各异，数据的集成过程相对来说较复杂，需要专业人员手动对需要集成的字段进行关联映射或是开发数据读取应用编程接口(application programming interface，API)。因此，数据采集与集成平台的建设应当满足如下四个基本原则。

(1) 注意有效和及时地更新和废弃数据。虽然“大数据”平台并不完全排斥废弃数据，但如果无效数据过多、比例过大，必然会引起数据结论产生偏差。

(2)对每一类数据要进行清晰分类，并注明来源。在存储数据时，应注明数据来源，从而清楚地对数据进行定位，在调用大数据平台中的数据时可以更容易找出需要调整的范围，快速地给出动作。

(3)建立数据集成原则。对于过期数据及违反国家安全原则、涉及个人隐私等的数据不予参与数据集成，若某些涉及隐私的数据是必要的，则必须先经过数据的脱敏处理。

(4)清晰化使用权限，分清平台内部与外部的使用权限。外部使用的数据可以公开，供大众公平公开使用，一些涉及国家机密的数据应该归入内部系统。

基于以上四个基本原则，进一步研究数据服务平台的框架建设。为了使大数据服务在应用时更容易被发现和组合，需要在服务描述中尽可能完整地对数据源信息进行描述。由于大数据服务的输出结果也是数据集，这就需要定义多种不同操作以便满足用户多样化需求。数据服务平台基本框架见图 3.1。

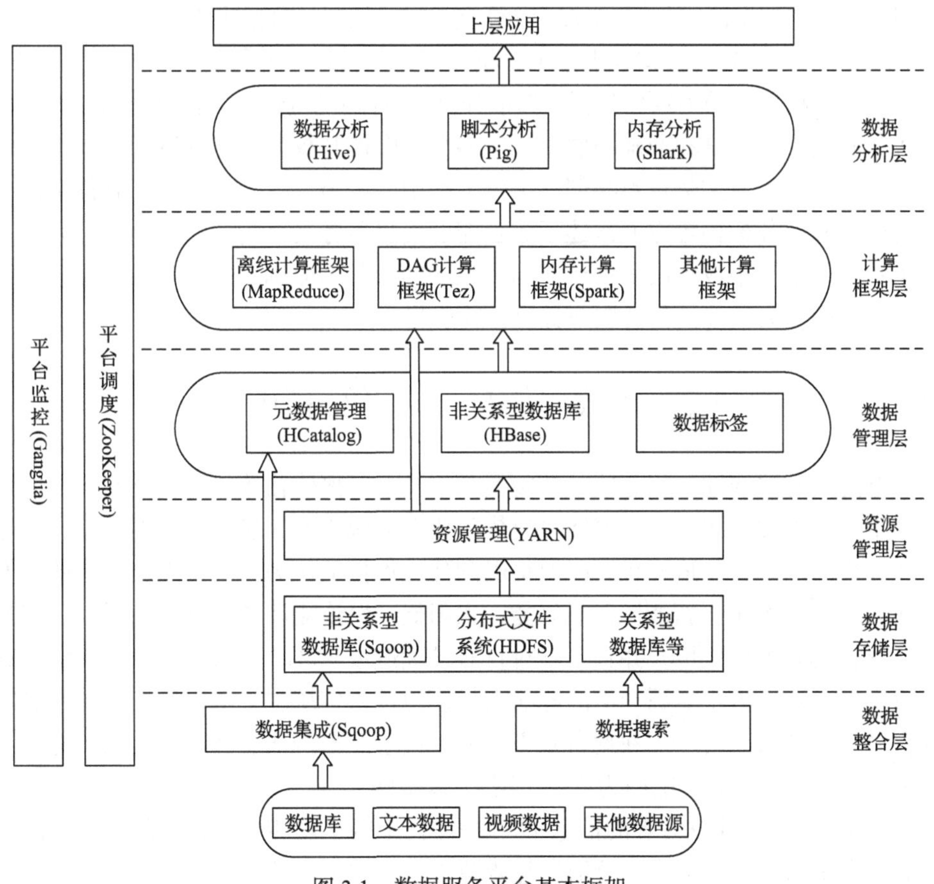

图 3.1　数据服务平台基本框架

数据整合层：采用数据集成和数据搜索技术，融合实时数据分布式消息队列、数据/服务总线、数据抽取、数据库实时同步、日志文件汇聚、文件传输协议（file transfer protocol，FTP）等技术，实现异构数据的快速接入，构建数据整合功能，具备定时/实时数据的采集处理能力，实现从数据源到平台存储的配置开发、过程监控。

数据存储层：采用关系型数据库、分布式文件系统、非关系型数据库等存储技术，提供不同类型数据存储的能力，同时提供统一存储访问接口[59]，提高数据存储低成本的横向扩展能力，提高在高并发条件下的快速数据访问响应能力，满足海量数据实时与准实时存储需求[60]。

数据管理层：采用元数据管理、非关系型数据库、数据标签等技术，帮助各业务应用获取所需的有效数据，并保持高质量的数据服务。

计算框架层：提供离线计算、数据库可用性组（database availability group，DAG）计算、内存计算等处理技术，支持 SQL 查询，满足不同时效性计算需求。离线计算支持数据离线分析；DAG 计算支持实时处理；内存计算支持交互性分析；同时提供类似 SQL 的查询分析技术，将查询语句转译为并行的分布式计算任务。

数据分析层：采用数据分析、脚本分析、内存分析技术，提高数据分析效率，为决策制定提供可靠和准确的数据，从多个方面提升数据服务价值。

本节结合大量文献资料与创新示范工程中的经验，从硬件架构、软件架构、信息架构和业务架构等方面阐述了综合能源信息服务网络的建设思路。然后就平台中数据采集与集成提出了平台应当满足的四个基本原则，并设计数据服务平台的基本框架，为后续的信息服务提供计算支撑。

3.2 大数据信息处理及分析中心

电能具有清洁性、安全性、高转换效率及远距离传输等优点，电网已经成为全球重要的能源系统。目前电能主要依靠化石能源生产，通过大电网传输，满足生产和生活的需要。迫于化石能源枯竭和环境保护的压力，可再生新能源的开发正在展开[61]。可再生新能源包括风能、太阳能、潮汐能等各种自然能源[62]，其分布广泛，具有可再生性，并且不会对自然环境造成破坏，但大多数具有断续性和不稳定性，将可再生能源产生的电能大规模地接入传统主干电网时产生的不稳定性会对电网带来冲击[63]。在此背景下，基于信息互联网概念和理论提出了能源互联网。能源互联网以大电网为“主干网”，以微网、分布式能源等能量自治单元为“局域网”，通过开放对等的信息-能源一体化架构实现能源（电能）的双向按需传输和动态平衡使用，构成一个信息与能源相融合的“广域网”。

能源互联网借鉴互联网理念自底向上构建能源基础设施，通过微网等类似能量自治单元的对等互联和信息能量融合分享，增加分布式可再生能源的灵活接入和就地消纳。能源互联网与大电网相辅相成，符合电网发展分布与集中相结合的大趋势。信息通信与能源电力结合发展分为三个阶段：第一个阶段为数字化、信息化阶段，信息通信为能源电力业务提供服务，优化能源电力系统的管理，提高能源电力行业的效率；第二个阶段为智能化阶段，信息通信成为能源电力基础设施不可或缺的组成部分，逐步实现信息流与能量流的紧密结合，这一阶段以智能电网的建设为特征；第三个阶段是信息物理融合阶段，即信息通信基础设施与能源电力基础设施的融合，也就是信息能源基础设施融合意义上的能源互联网阶段。能源互联网开放、对等、互联、分享的基本特征决定了其对能量和信息的实时交换要求更高，尤其是分散式能量交换的运行、管理和调度，必须得到实时数据采集、分析和大规模处理的支持，离不开大数据分析技术的应用。本节介绍能源互联网与大数据之间的相互关系、能源互联网大数据分析技术，以及能源互联网大数据分析应用。

3.2.1　能源互联网与大数据

能源互联网的发展与大数据密不可分。能源互联网通过信息通信对整个网络的设备和设施进行及时监控，同时对历史和实时数据进行分析，在能源互联网运行管理和性能优化水平方面不断改善[64]。能源互联网将面临海量数据采集、处理和存储的技术要求，必将步入大数据时代。

1. 大数据技术的特点

大数据技术以“4V”为其主要特点，即数据容量大(volume)、数据类型繁多(variety)、商业价值高(value)、处理速度快(velocity)。此外，大数据还具有价值密度低的特点，即其价值密度远远低于传统关系型数据库中的已有数据。

2. 大数据分析过程

大数据的分析过程为大数据采集、大数据导入/预处理、大数据统计/分析、大数据挖掘等。

1)大数据采集

大数据采集离不开因特网和物联网技术，主要技术包括标识、传感和数据集中处理等。标识技术包括射频识别(radio frequency identification，RFID)、条形码、二维码、生物特征识别(如虹膜、指纹、语音)等，其中 RFID 能够在无人参与的情况下进行一定距离内的设备身份识别，可以广泛应用到电力系统中。传感技术一般使用嵌入式传感器，可以形成传感器网络，对影响或反映电网运行状态的各种指标和数据进行采集。采集类型包括状态量、电气量或量测量等，采集结果可用于 SCADA、广域测量系统（wide area measurement system，WAMS）或状态信息接入控制器（condition information acquisition controller，CAC）/状态信息接入网关机（condition information acquisition gateway，CAG）等监测系统中。为了使处理尽量在本地进行，同时减少通信带宽消耗，本地集中处理是一种有效的数据集中处理技术措施。集中处理可以减少信息冗余，提高网络的用户容纳能力和带宽利用率。

2）大数据导入/预处理

为了实现大数据分析，收集到的数据需要存储在数据库中，这涉及格式和标准的统一、非结构化数据的存储和建模等。数据导入后还需要进行预处理。受物理环境、天气的影响以及监控设备的老化或故障等，采集的数据中不可避免地存在噪声或错误的数据。此外，恶劣的通信环境也可能导致数据错误、泄漏和丢失。因此，有必要降低采集数据的噪声，恢复丢失的数据。这个过程也称为数据清理。降噪主要通过平滑滤波。对于平稳系统，高频部分很可能对应噪声分量，对高频部分进行处理可以有效减少噪声。同时，平滑滤波也可以作为恢复丢失数据的一种手段。另外，通过内插技术，可以有效地恢复丢失的数据。滤波技术有很多种，包括维纳滤波、卡尔曼滤波、扩展卡尔曼滤波和粒子或粒子群滤波等，分别针对平稳系统、线性或类似线性系统和非平稳非线性系统。系统处理能力越强，滤波估计效果越好，计算越复杂。对于内插，可以分为线性内插、抛物线内插、双线性内插和其他函数内插等，均基于数据间的相关性假设实现。

3）大数据统计/分析

大数据统计和分析技术包括分类、聚类、关联等，按照处理的时间特性可以分为离线计算、批量计算、内存计算和流计算等。在数据分析中，经常需要对数据进行分类。大数据分类所采用的算法包括邻近算法、支持向量机、Boost 树分类、贝叶斯分类、神经网络、随机森林分类等，分类算法中可以融合模糊理论以提高分类性能。聚类可以理解为无监督的分类，主要使用 *k*-Means 等算法。关联分析是数据分析的主要方法之一，主要基于支持度和置信度挖掘对象之间的关联关系，基本算法包括 Apriori 和 FP-Growth 等算法[65]。为了适应大数据的特点，Mahout 使用并行计算实现数据挖掘算法，大大减少了计算时延。

4）大数据挖掘

大数据分析的结果可以用于数据挖掘。由于之前的分析只是以数据为中心，结果往往不容易理解，也不一定与研究目的相匹配，可能会得到无用甚至看似相反的结果。因此，它需要人的参与，以数据挖掘的目的为指导，对结果进行过滤和净化，将结果转化为人们可以理解的形式，最终达到大数据分析的目的。

3. 电力系统大数据

电力系统的大数据产生于发电、输电、变电、配电、用电和调度等各个环节。电力大数据研究的核心是解决电力数据源分布广泛、采集频率高、数据分析量大且处理时延和传输质量(延迟及丢包等)要求高等问题。在电力大数据的科学研究和工程应用方面，美国和欧洲一直走在国际前列，主要以智能电表的大规模安装和部署为特征。相关工程应用包括美国加利福尼亚大学洛杉矶分校电力地图、美国 C3 能源分析引擎平台的电力用户分析工具、法国电力公司基于大数据的用电采集应用系统、德国 E.ON 大数据智能用电研发中心、丹麦维斯塔斯风力发电等。通过与大数据技术的结合，电力系统的性能得到显著提升[66]。电力大数据在我国起步较晚但发展迅速。自 2013 年开始，我国电力企业着眼于用电与能效、电力信息与通信、政府决策支持等电力需求侧领域，开展了大数据应用关键技术研究。2014 年 863 计划就电力大数据开展了研究立项。国家电网公司于 2015 年初发布了《国家电网公司大数据应用指导意见》，并启动了大数据研究与应用工作，提出了大数据应用的 17 个领域，统一组织开发并在 10 家单位作为试点，部署大数据平台。南方电网公司多个省级公司均开展了电力大数据相关研究，其中深圳供电局基于大数据分析进行电能质量综合评估，具有一定的特色。

4. 能源互联网大数据

能源互联网可以实现分布式可再生能源的大规模接入，具有微网集群间或微网和主干网间的电力双向自由共享，用户按需响应，以及利用大规模储能设施实现削峰填谷等功能。系统具有很大的计算复杂度和较严格的处理传输时延，以及海量的数据存储需求。同时，能源互联网由于其开放、对等、互联、分享等特征决定了能源互联网大数据分析有其自身的特点和要求。首先，能源互联网的能量和信息交换是以开放平台和架构为基础的，任何节点(无论是电源、电网还是用户)都可以随时加入和离开，这对于大数据管理的标准化和安全性方面的要求都会比较高。其次，能源互联网节点间是对等互联进行能量和信息交换的，相当于不但要实现传统能量管理系统的功能，还要保证系统的分散协同。例如，一个区域能源互联网要具有独立运营实体和能量管理系统，保证其运行稳定性、电能质量以及与用户的良好互动等，这对数据的采集、通信和处理提出了更高的要求。最后，能源互联网要支持灵活的能量和信息分享，尤其是新能源的接入、分散式能量管理和与用户负荷的互动。以上对数据处理的实时性提出了更高的要求。能源互联网是未来实现电力市场和实时电价的基础，因此大数据处理的实时性要支持能量交换控制、上层的能量路由与管理，乃至新的商业模式和市场机制等，大数据采集、分析和处理的速度要求更高。

3.2.2 能源互联网大数据分析技术

能源互联网大数据分析技术主要包括大数据处理平台与大数据分析算法两个方面[67]。

1. 大数据处理平台

1) 云计算平台

大数据系统需要非常大的数据处理、传输和存储能力，目前云计算平台是最符合要求的计算基础设施。云平台实现了计算资源和物理资源的虚拟化，通过资源池对处理能力进行快速动态分配和调用，具有一定的可伸缩性，能够最大限度地利用已有计算能力，降低运行成本，节省用户开支。同时，云平台还具有一定的安全性，可以保护用户数据隐私。大数据与云平台的结合，将成为能源互联网的基本技术支撑。

2) 分布/并行计算

对于大数据挖掘，其数据在几十太字节(trillionbyte，TB)以上，计算能力要求巨大，单台计算机难以胜任，促使人们研究分布式并行计算方法，其中最广泛应用的分布式计算框架为 Hadoop 的 Map/Reduce。通过并行方法，目前许多单机难以完成的任务能够在可接受的时间内完成。

3) 流数据处理

在因特网中，许多任务会不断产生新数据，并且需要进行连续不断的处理，传统的数据处理框架无法胜任。由此，流计算的概念被提了出来。流计算一般具有以下特点：数据实时到达但无法保证顺序；数据只需进行一次性处理，随到随处理；数据使用后无需或只需要部分存储。著名的流计算框架包括 Yahoo!S40、Facebook Data Freeway and Puma、Twitter Storm 等。

4) 内存计算

为了提高数据的处理速度，有人提出将数据全部驻留在内存中运行，即中央处理器(central processing unit，CPU)直接从内存读取数据而非硬盘。因为内存的数据读写速度远大于硬盘，有利于与 CPU 交互，计算性能会有较大提高。通过内存计算和流式处理的结合，可以大大提高实时系统的性能。

5) 数据可视化技术

可视化是利用计算机图形学和图像处理技术，将数据转换为图形或图像，并显示在屏幕上进行交互处理的一种理论、方法和技术[68]。它涉及计算机图形学、图像处理、计算机视觉、计算机辅助设计等多个领域。数据可视化技术已成为研究数据表示、数据处理、决策分析等一系列问题的综合性技术[69]。例如，对于以电网为主的区域能源互联网，通过基于地理信息系统(geographic information system,

GIS)的三维显示图，可以直观地观察电流、电压、有功、无功的大小、分布和流动情况，从而有助于观察者进行系统稳态、暂态判断和整体运行态势感知。

2. 大数据分析算法

1) 分布式数据挖掘技术

分布式数据挖掘与并行化密切相关。大数据挖掘算法大多采用并行化思想。

2) 关联分析与 FP-Growth 算法

关联分析是挖掘数据库中两个或多个变量之间存在的关系，该问题由 Agrawal 等于 1993 年率先提出。经典的关联算法为 Apriori 算法，该算法需要对频繁项集进行迭代生成和扫描。针对 Apriori 算法的固有缺陷，Han 等提出了一种不生成候选挖掘频繁项集的方法，即 FP-Growth 算法[70]。通过建立 FP-Tree，该算法解决了 Apriori 算法中的长频繁项搜索子项数量巨大的问题。试验表明，FP-Growth 算法对不同长度的规则具有很好的适应性，与 Apriori 算法相比，效率有了很大的提高。理论上，通过对 FP-Tree 不断地递归挖掘就可以得到所有的完备频繁模式。但是在目前海量数据的现状下，FP-Tree 已经大到无法驻留在计算机的内存中，因此并行化是必然的选择。

3) 分布式聚类算法

为了发现设备故障和状态异常，可以对状态数据进行聚类，将正常状态和故障状态区分出来[71]。通过聚类，可以将数据划分为不同的簇，其簇间差异较大，而簇内差异较小。聚类以样本间的相似度为基础，可以通过不同的距离计算方式达到不同的分类效果，如曼哈顿距离、欧氏距离、汉明距离或夹角余弦等。能源互联网中的数据量通常很大。因此，有必要将它们以分布式的方式聚类。整个集群作为一个 Hadoop 任务运行，然后采用迭代计算和分布式计算，有效减少计算时间。

4) 分布式分类算法

在形成具体的分类标准或准则后，可以采用分类算法进行分类。分类包括训练和分类两个过程，并可以不断循环实现增量学习。与聚类相比，分类具有更明确的目标。面对能源互联网海量数据，分类算法同样需要并行化实现，如 Mahout 分类算法。当训练样本的数量相对较少时，与 Mahout 分类算法相比，传统数据挖掘方法的性能会较好。但随着样本数量增加，传统不可扩展的分类算法所需要的处理时间快速增加，此时 Mahout 分类算法的可伸缩和并行算法的优势就变得明显。

5) 深度学习方法

深度学习本质上是一个层数更多的人工神经网络，是对普通人工神经网络的推广和提升[72]。它通过模拟人脑结构来实现智能判断和决策。这证明了人类神经系统和大脑的工作实际上是一个不断将低级抽象传递到高级抽象的过程。高级特征是低级特征的组合，高级特征变得更加抽象。想要从原始输入直接跨越到高层特征无疑是困难的，需要通过有效的特征提取，一步步地将基本元素抽象成更高级的特征。以图像识别为例，图像的原始输入是像素。相邻像素形成直线。多条线形成纹理，纹理进一步形成图案[73]。深度神经网络(deep neural network，DNN)模型复杂，训练数据多，计算量大。一方面，DNN 需要模拟人脑的计算能力，而人脑包含 100 多亿个神经细胞，致使 DNN 中神经元、神经元间连接数量庞大，需要计算的参数量相当惊人。在语音识别和图像识别应用中，神经元达数万个，参数达数千万个，模型复杂导致计算量大。另一方面，为了避免过拟合，DNN 需要大量数据才能训练出高准确率的模型。以语音识别为例，目前业界通常使用样本量达数十亿，进行一次训练通常需要几天时间。因此深度学习需要大数据的支持。为了减少训练时间，当前深度学习的加速主要有图像处理器(graphics processing unit，GPU)加速[74]、数据并行和计算并行等三种技术。深度学习的最新应用主要集中在语音识别(尤其是自然复杂环境下的语音识别)、手写体字符识别、人脸识别、图像识别和检索、自然语言处理和检索等多个领域，但尚未应用于电网中[75]。而电网中已有运用神经网络进行机器智能学习(如故障定位)的先例，随着技术的进一步完善，深度学习方法在电网中将会有广泛的应用。

6)超大规模神经网络

随着对大脑智能的研究和模拟的不断深入，以及计算机性能的提高，人们开始建立和研究超大规模神经网络。在超大规模神经网络中，神经网络的节点数和相关参数可以达到百万甚至上亿的数量级。基于如此高的性能参数，神经网络可以无监督地实现对动态非线性复杂系统的有效模拟，特别是以数理形式模拟生物脑的运作，指导机器学习人类的思考模式，使其具有分辨事物(语言、物品等)和智能决策的能力。超大规模神经网络训练时需要的样本数据巨大，属于大数据应用中的一种新兴技术。神经网络概念虽然早已提出并进行了几十年的研究，但其性能并不理想，原因在于巨大的计算量使得人工神经网络只能包含少许隐层，从而限制了其性能。而借助先进的计算机技术，大规模神经网络突破了这一限制。有研究表明，在可获得足够训练数据的条件下，神经网络规模越大，结果的精确性越高。基于深度学习和超大规模神经网络以及大数据，机器学习的性能将得到极大的提升。目前对超大规模神经网络的研究尚处于起步阶段，预计应用方向包括智能决策、语音识别和图像辨识等。由于现代电网的高复杂性，特别是能源互联网，其运行决策需要智能化、实时化的操作，所需操作数据量巨大，单靠人工无法完成，而普通的机器学习算法也难以胜任。在此情况下，利用计算机实现对人脑的模拟是一种可行途径，这确立了超大规模神经网络技术在电力分析系统中的地位。超大规模神经网络的研究成果预计会有效地应用于能源互联网中，对在线实时电网运行与调度的提升和改进产生重大、积极的影响。能源互联网需要进行海量数据处理，必然要应用大数据分析处理技术，而且只有大数据分析处理的并行化结构才能保证相关结果的实时性，实现对系统及时、有效控制的目的。

能源互联网侧重分布式能源和可再生能源的接入和互联，大数据分析在能源互联网中的应用包括负荷建模、负荷预测、状态评估、电能质量监测与控制、需求侧管理与响应、分布式能源接入、多能调度规划、自动故障定位、系统安全与态势感知等[76]。

3.2.3　能源互联网大数据分析应用

1. 负荷建模

作为电力大数据和云平台的结合，负荷云库概念被提了出来。负荷云库主要对云平台存储的能源互联网负荷相关数据进行大数据分析，以辅助实现能源互联网相关应用。例如，对于负荷建模，所考虑的数据越全面，采样频率越高，数据质量越好，负荷参数估计的精确度和鲁棒性也会越好，其大数据应用性能将会得到明显提升。而根据负荷云库的设计，可以提供经过预处理的，与能源互联网范围内负荷有关的，覆盖所有技术细节的海量数据，从而显著提高负荷建模的性能，进而提高电力系统的整体性能。负荷建模是能源互联网大数据分析的主要应用，其结果可以用于负荷预测、电力调度、故障定位和实时仿真。负荷建模决定了能源互联网大数据分析的整体性能，具有非常重要的地位。传统电网中，负荷辨识是一个难以解决的问题。由于缺乏整体全面的监测数据，只能以保守度换取大的可靠度，不仅造成设备冗余，系统的运行效率也受影响。在能源互联网阶段，采用先进的信息通信技术，可以采集到覆盖整个系统的全面数据，在大数据分析技术的支撑下，电力负荷的精确辨识将成为可能。负荷建模的具体技术包括统计综合法、总体测辨法和故障仿真法，国内对以上三类方法均有研究[77]。华北电力大学主要研究总体测辨法。河海大学则提出基于日负荷曲线，将统计综合法与总体测辨法相结合的电力负荷综合建模思路。中国电力科学研究院采用统计综合法进行基于负荷调研的分类与建模工作。用统计综合法得到的负荷模型物理概念清晰，易于理解，但其核心建立在“统计资料齐全，负荷特性精确”的基础之上，其实现难度大且无法考虑负荷的时变特性。总体测辨法避免了大量的统计工作，有可能得到随时间变化的在线实时负荷特性，其最大的困难在于装置的有效安装和参数的时变性。故障仿真法的优点是参数确定过程与程序选择参数的计算过程一致，而且在某些故障下能够获得重现，但试凑的方法限制了其性能。

2. 负荷预测

能源互联网的正常运行和调度离不开负荷预测。为了实现负荷预测，除了利用大量在线数据，还需要海量的历史同期数据和天气环境数据，因此大数据技术支持必不可少。负荷预测可以用于各种情况：针对云平台中主机负荷短时波动的特点，利用贝叶斯模型进行长间隔的均值负荷预测，取得了很好的效果；在网格环境中，基于数据聚集的自适应长期负荷预测模型性能超过了均方误差算法；作为自动发电控制的一部分，基于神经网络的超短期负荷预测实现了实时发电控制。对于传统的负荷预测，由于数据的不充分和分析能力受限，难以得到十分有用的结果，能源互联网的出现改变了这一局面。通过大数据采集和高性能分析技术，精确的负荷预测将成为可能。未来的负荷预测将向着适应各种时间维度和空间复杂度，以及预测结果更加精确、更加及时有效的方向发展。

3. 状态评估

状态评估主要对状态进行分类以确定系统所处的状态。例如，基于电压的稳定性评估，决定系统是否处于失稳状态。根据电力系统所处的状态，可以制定相应的操作决策。由于对每个监测点都需要进行相应的时间序列分析，同时需要考虑节点间的位置关系，节点多、采集频率高，计算任务重，需要大数据分析技术的支持。关于电力系统的状态评估多与电能质量、故障恢复和安全性有关。状态评估作为重要的组成部分，对智能分布电网的自愈控制技术系统进行了研究。将状态评估应用于大的电网，需要进一步提升其计算效率和分类准确性。随着能源互联网性能要求的提高，需要扩大状态评估的范围，考虑节点间的关系，达到对网络整体性能的了解，实现全局状态评估。

4. 电能质量监测与控制

电能质量是电力系统的一个重要指标，包括输变电网络的各种电气特征，如有功、无功、压降、谐波和频率波动等。电能质量决定了电网的性能和用户的用能体验，是用户和电网运营商的主要交互信息之一，将最终决定双方的收益，因此不可忽视。随着分布式能源越来越多地接入配电网，用户对电能质量的要求越来越高。对于能源互联网，为了解决传统电网计算精度不足等问题，一个基本的前提就是提高采集点的数量和采集数据的频率，尤其对于电压暂降等暂态问题的分析，其规模将达到大数据实现的程度。因此，该功能同样需要大数据分析。应用分散度方法，构建一种区域性电网电能质量的广泛估计模型，基于时频分析理论，对功率质量监控进行算法优化，能够实现精确定位暂态信号每个频率成分出现的时间。对于风力电厂，谐波造成的电压、电流失真情况也是评估电能质量的重要指标。

5. 需求侧管理与响应

随着的能源互联网的发展，用户既是消费者，又是生产者[78]。通过电网通信技术，用户能够与发电方进行交互，协商决定电能的使用。同时，用户间也可以进行能源共享，供需关系变得复杂。因此，需求侧管理在能源互联网中变得更加重要。需求侧管理需要利用海量的实时和历史数据实现负荷预测相关功能。网络越大，数据量越大，因此大数据分析工具将成为重要手段。需求侧管理主要是为了节省能源或保证供电的持续性和平稳性。根据电器使用模式，使用自适应能源节省策略，可实现一个以用户为中心的灵活能量管理系统。考虑不同的因素加权，可形成智能的需求侧管理系统。需求侧管理与响应将向着更加智能化、自动化和个性化的方向发展。除了需求侧管理之外，还存在能源互联网区域间的协调管理问题。

6. 分布式能源接入

分布式能源的大规模接入是能源互联网的基本特征之一，体现了能源互联网的优越性和先进性，同时也将影响网络的稳定性。随着能源互联网的发展，分布式能源的接入规模将越来越大，所采集的能源设备状态数据和电力相关数据也将增加，需要使用大数据分析技术对其进行分析预测和有效调度。对于能源互联网，分布式能源接入主要通过微网实现。

7. 多能调度规划

分布式能源的接入提高了电网的经济性和灵活性，但各种分布式能源的生产特性互不相同，且有一定的互补性，统一调度与规划才能同时提高系统的经济性和稳定性，因此多能调度与规划是必要的。随着调度规划所需的数据量不断扩展，性能要求不断提高，大数据分析将是有效的技术手段。目前，能源互联网的多能调度与互补是研究的热点。基于仿真，对建筑物的多种能源形式进行管理和调度，可以有效提升系统性能。通过最低开销优化模型，在不同的操作模式下，建立风-光-氢混合能源生产系统的规划策略，能够有效提高电力系统的可靠性和灵活性。针对多时间尺度和使用冷-热-电多种能源类型的微网，有学者提出了相应调度解决方案，以实现微网的可控性。

8. 自动故障定位

借助大数据分析技术(如关联方法)与传统故障定位技术，能够提高定位精度和速度。配电网中的故障定位主要使用矩阵方法[79]，该方法原理简单，但对错误数据比较敏感。此外，还采用人工神经网络、遗传算法和蚁群算法。能源互联网中的故障定位将向着适应复杂拓扑结构、多电源、源-网-荷协同，进一步提高定位精度和减少定位时延的方向发展。

9. 系统安全

系统安全贯穿于整个电网。例如，为了进行农村地区的电网安全评估，基于估值模型，对电网的安全和效率之间的动态关系进行了研究。根据智能电网中工业控制系统和信息技术系统各自的安全需求，提出了不同的安全管理方法。系统安全将向着集中控制与分散协作相结合、整体控制与局部控制并重的方向发展。对于能源互联网，信息系统与控制系统将紧密耦合，对系统安全的要求更高，目前专门针对能源互联网的安全研究还很少。

10. 态势感知

态势感知用于电力系统并不少见，基于知识发现，提出了网络安全态势感知的整体框架。采用视觉化方法可以增强操作人员对大规模电力系统的态势感知。目前，基于配电网络的态势感知仍处于研究阶段，其计算量较大，花费时间较长，感知效果并不理想。对能源互联网的态势感知同样是不可或缺的，它可以对网络运行状况及发展趋势进行实时感知和预判，从而提前做出决策，进行有效控制，实现系统即测、即判、即控的目标。随着监测节点的增加，态势感知所需分析的数据组合将呈爆炸性增长，对大数据分析技术的使用成为必然。以上列举的应用相互之间有一定的依赖和支撑关系，它们共同构成了能源互联网大数据分析系统的应用场景。此外，实际上能源互联网的实现还涉及设备管理、能量交易、运营管理、服务政府等其他方面的应用，也都需要大数据技术的支撑，这同智能电网相关方面的需求类似[80]。

从技术和应用角度对能源互联网大数据分析技术进行阐述，得出如下结论。

(1) 大数据分析技术是能源互联网不可或缺的基本技术。

(2) 大数据分析技术多数仍处于研究或初步应用阶段，本身还存在一定的局限性，如数据收集和处理的工作量很大，分析计算比较复杂，未经实地验证等。因此，大数据分析技术还有很大的改进和研究空间。

(3) 大数据分析技术需要充分利用其数据容量大、数据类型繁多、商业价值高、处理速度快的特点和优势，发展成为一个具有实时性或准实时性的智能分析工具。

3.3 综合能源信息服务平台建设

随着互联网、社交媒体和大数据分析技术的蓬勃发展，能源企业用户正在发生深刻的变化，能源需求更加多样化、交互方式日趋丰富、客户体验要求不断提升。国家电网公司的社会责任报告指出要围绕为用户创造更多价值，不断创新供电服务，让用电更安全、更便捷、更放心、更和谐、更智能、更满意。这就对能源行业的服务范围、服务内容、服务方式和服务模式等提出了更高的要求。

本节主要阐述基于移动互联网业务与应用的公共能源全景信息服务平台的整体架构，为能源生产方、服务方、消费方提供全方面、高质量的信息服务，从而促进智能电网及能源企业在移动互联网时代的发展，为智慧城市的各种能源辅助决策等提供信息支持。

3.3.1　综合能源信息服务平台架构

综合能源信息服务平台是新型能源互联网中的重要部分，其为能源互联中各能源信息的交互和业务增值提供支撑[81]。本书中研究的综合能源信息服务平台基于大数据、物联网、云平台架构体系，综合采集政府云数据服务平台提供的市政、能源等外部数据，采用分布式存储技术，通过流计算框架、分析引擎等大数据相关基础服务，为电力公司、政府、企业及公众提供辅助决策、能源供需、节能减排、电力企业综合应用等相关应用及展示服务。

综合能源信息服务平台架构见图 3.2，大致包括用户层、展示层、应用层、数据资源层四个部分。其中电力系统内部数据通过数据采集与接入设备进入综合能源信息服务平台的数据资源层，电力系统外部数据在进行数据脱敏处理后通过大平台的数据交互总线等方式进入数据资源层[81]。综合能源信息服务平台根据数据的来源、数据的种类等进行存储，通过预处理将冗余数据剔除；再根据数据的类型将其放入对应的数据库中；根据应用服务请求进行数据的计算、分析、处理和可视化等，最后展示给用户。

平台建设中具体的硬件架构、软件架构、信息架构和业务架构简述如下。

(1) 硬件架构。综合能源服务平台的硬件架构主要包括信息交互总线、网络防火墙、正/反向隔离装置、交换机、数据库服务器、应用服务器和接口服务器，以及用于数据采集的各类硬件设备[82]。

(2) 软件架构。软件架构分为五个层次，从底层到顶层分别为基础平台层、数据整合层、数据管理层、访问接口层和应用层。其中安全管理功能和系统管理功能贯穿于各个层次。

(3) 信息架构。信息架构是在硬件架构和软件架构的基础上进一步进行数据信息流转和处理的部分。信息架构包括数据整合、数据存储与计算、数据处理与分析、信息平台管理工具、平台监控工具 Ganglia、分布式服务框架 ZooKeeper 等环节。

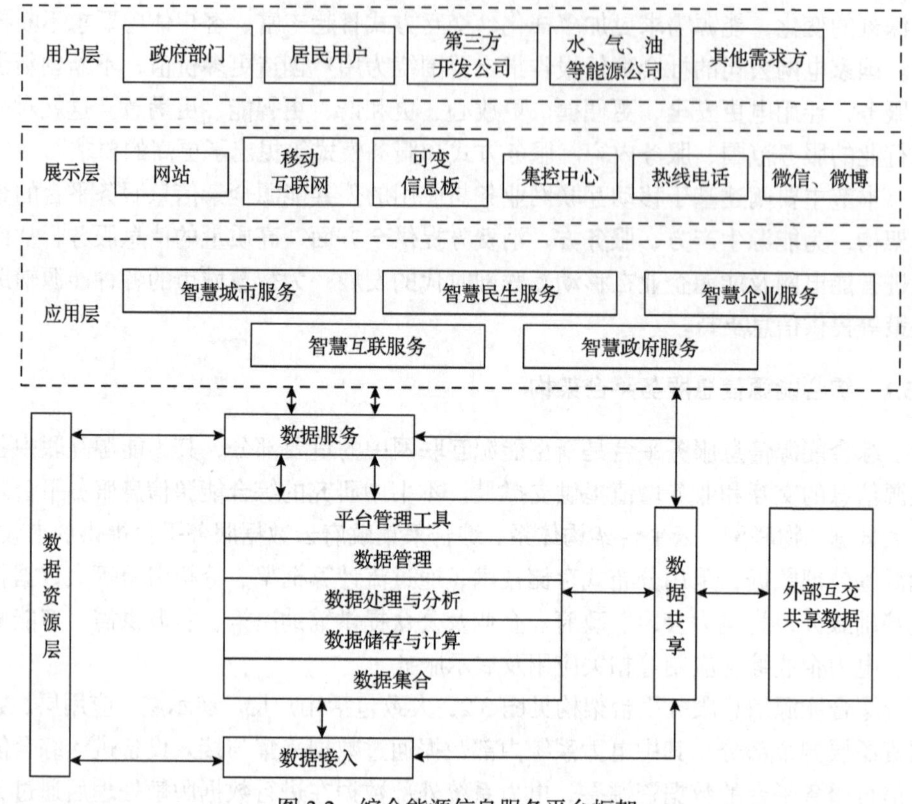

图 3.2　综合能源信息服务平台框架

(4)业务架构。在前述硬件架构、软件架构和信息架构下，根据不同的服务对象应用需求，开发不同的业务应用场景，大致包括面向政府部门、面向企业、面向电力公司和面向用户四块内容。

3.3.2　平台中大数据在智慧城市建设中的作用

大数据或称巨量数据，是指规模庞大到无法通过目前主流软件工具、在可以容忍的时间内对其进行抓取、管理、处理的数据集合。它的数据规模和传输速度要求都很高，一般单个数据集在 10TB 左右，其结构不适合原本的数据库系统[83]。

城市化过程中的数据系统变得越来越复杂。将大数据技术应用于城市建设，能够为政府决策提供支持，提高居民的生活品质，提高企业的核心竞争力。在政府层面，将大数据部署到经济、社会运行的方方面面，可加强信息安全产品自主化和信息公开，实现政务公开及时、透明，使政府决策把握好机遇，迎接挑战；在城市建设层面，探究了大数据下智慧城市的安全建设，为智慧城市建设与管理实践提出理论性的指导；在城市防灾层面，基于大数据强大的数据挖掘能力和预测分析能力，在防灾救灾应急响应中，提高灾害的预防效率和效果，增强社会应对突发灾害的能力；在能源层面，基于大数据背景[84]，提出电力云数据中心任务调度的结构以及控制策略，并通过仿真验证了所提出策略的有效性和正确性。

因此，在大数据背景下，如何将智慧城市建设与新能源建设有机结合起来[85]，消除智慧城市和新能源发展过程中的“信息孤岛”现象，是未来智慧城市建设过程中亟待解决的首要问题[86]。

利用大数据技术实现智慧城市综合能源数据的研究与共享，建立消除智慧城市和新能源发展过程中的“信息孤岛”现象，是保证智慧城市综合能源数据平台建立的关键。

将大数据用于智慧城市建设，打造基于大数据技术的智慧城市综合能源数据平台，可以打破行业间的信息壁垒，实现城市数据(如气象数据、市政数据)、新能源发电数据和电力系统数据的信息集成与融合；基于大数据的数据挖掘、数据分析等技术，可以实现面向政府、企业、居民和电力公司提供包含能源利用、能源分析等功能的全方位能源服务，实现和电力系统相关业务系统的信息集成与数据共享，为智慧城市综合能源数据开展智慧城市应用开发、优化区域能源优化运行提供重要的基础保障。

3.3.3　智慧城市综合能源数据平台的建立

智慧城市综合能源数据平台的建立面对两个关键问题：①如何实现基于大数据的电力平台的设计；②如何实现智慧城市建设过程中多源异构数据的采集与集成。

1. 基于大数据的电力平台的建立

利用基于大数据的电力平台提供的数据存储、计算、分析等功能[87]，基于故障抢修管理(trouble call management，TCM)系统、SCADA、生产管理系统、电力公司气象信息系统等提供的数据开展电网故障发生区间预测[88]。

平台技术组件以集成成熟开源产品为主，并对现有可重用的 SG-ERP 组件进行提升改造，相关生产应用可适时迁移至大数据平台。平台核心分布式存储与计算组件采用 Hadoop 技术体系中的分布式存储、分布式计算框架(MapReduce)及 Storm 等开源产品或技术，同时利用统一目录、统一权限及电力平台实现完善的安全控制和数据管理功能[89]。以智能预测电网故障发生区间分析模型为核心的配网抢修精益化管理系统通过 Kafka 实时采集、Storm 流计算、MapReduce 分布式并行等大数据技术实现了对实时故障抢修数据和海量负荷数据的整合计算能力，有效提升了海量数据处理的实时性和高效性。基于大数据的电力平台结构框图见图 3.3。

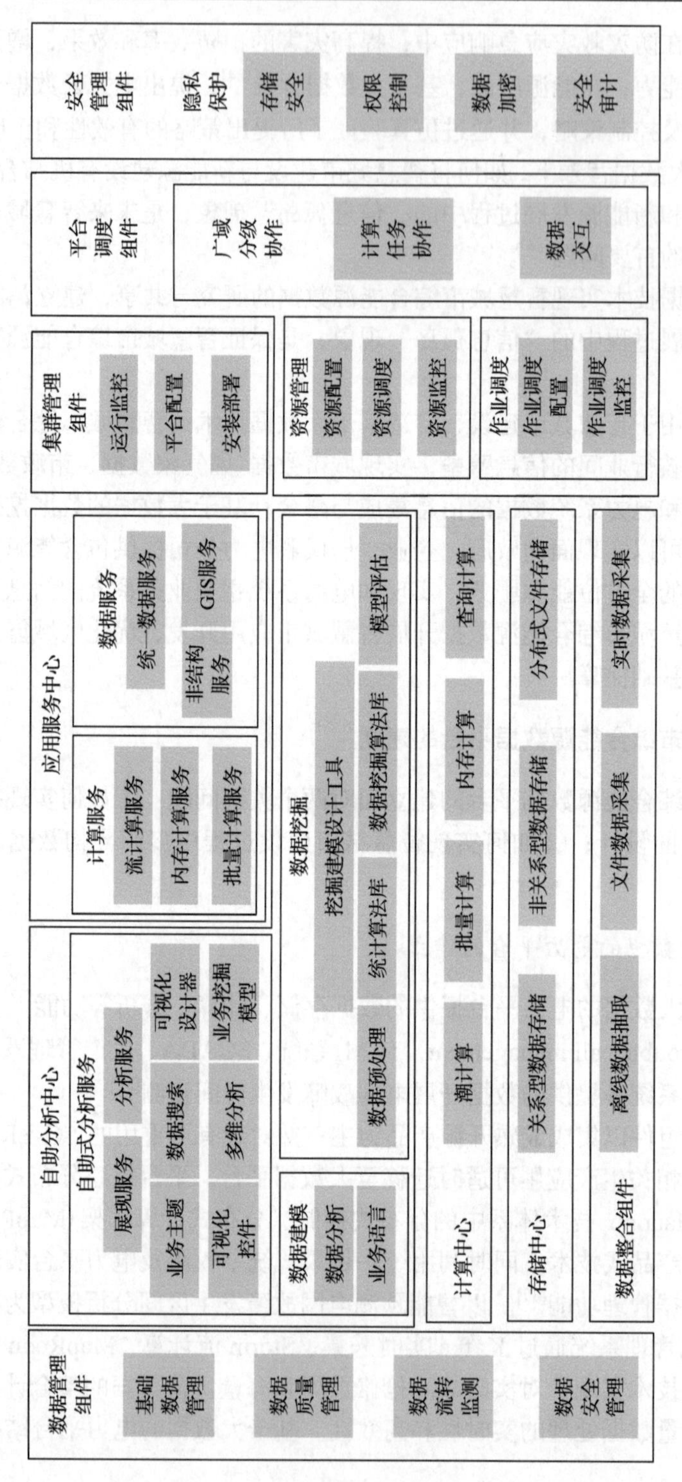

图 3.3　基于大数据的电力平台结构框图

2. 多源异构数据的采集与集成

数据采集通过信息交互总线，利用发、输、变、配、用电各环节的数据，结合园区内水、电、气能源信息，融合市政、气象、交通、经济等各类数据，构建能量流、信息流、业务流高度融合的大数据体系，支撑大数据平台的建设。在智慧城市综合能源数据建设过程中配置配电自动化系统、调度自动化系统、生产管理系统、电网 GIS 平台、用电信息采集系统、营销管理系统、95598 客服系统、生产抢修平台等。其中配电自动化系统通过信息交互总线实现与上级调度自动化系统、生产管理系统、电网 GIS 平台等其他应用系统的互联，建立完整的配网模型。生产抢修平台通过信息交互总线实现了与调度、配网、用电、营销的信息互动、业务互动。这些工程应用为大数据建设奠定了良好的数据集成基础。

基于大数据背景，在智慧城市综合能源数据建设过程中应充分挖掘数据资源，进行多源异构数据的采集与集成，实现智慧城市综合能源信息服务平台的数据融合，提供“大数据平台”，从而实现数据类型多样，数据采样的周期、频率多种的数据资源支撑。基于大数据服务平台的数据融合框架见图 3.4。多源异构数据采集

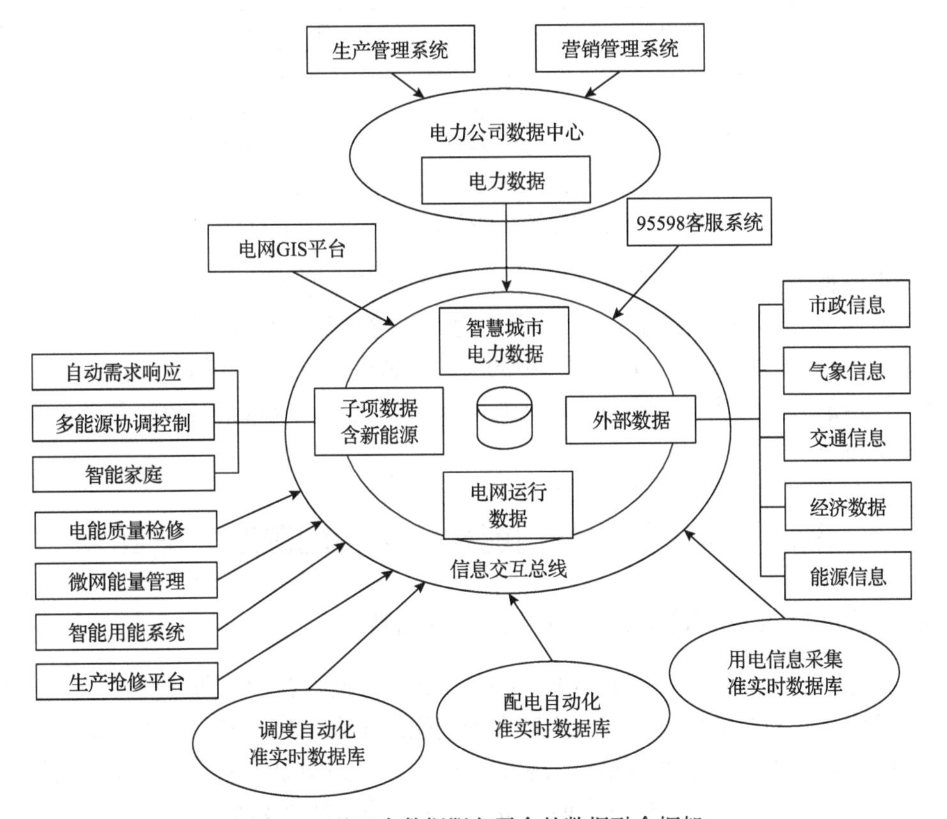

图 3.4 基于大数据服务平台的数据融合框架

及集成基于信息交互总线，解决智能数据服务平台多源信息采集、数据融合、安全接入等问题，进行系统接口与业务集成，数据库间的数据同步，对异构数据进行预清洗，提供标准化数据接口，实现数据资源管理、电网模型校验管理、数据流过程监控，在接入层进行信息安全防护，标识数据资产的安全级别，为数据服务平台的数据处理层提供了结构化、非结构化、海量实时/准实时数据，文本、图形类数据资源。基于多源异构数据集成与采集的建设框架见图 3.5。

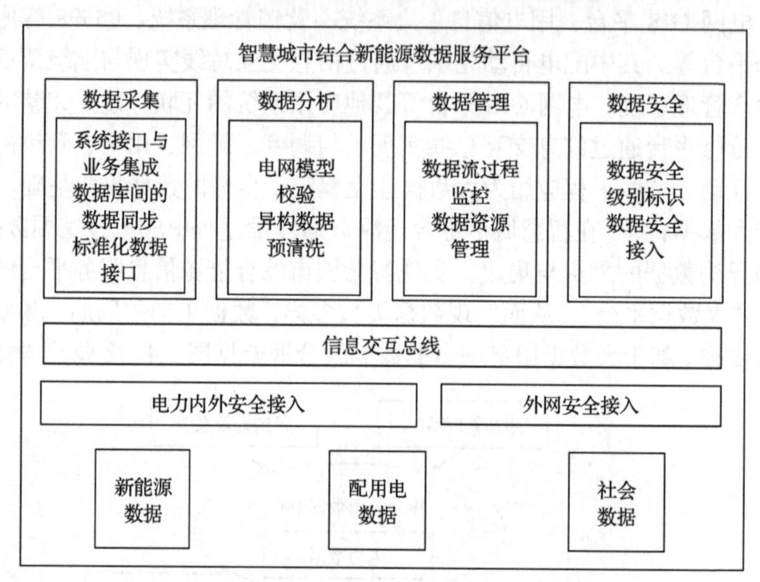

图 3.5　基于多源异构数据集成与采集的建设框架

本节首先介绍了基于移动互联网的综合能源信息服务平台框架，从硬件架构、软件架构、信息架构和业务架构等方面阐述了综合能源信息服务网络的建设思路。然后就平台中数据采集与集成过程中的关键问题进行分析，并给出示范图例。综合能源信息服务平台的应用将有利于智慧城市的建设，也将给其他信息平台的建设提供参考。

3.4　互联网+智慧用能构建综合能源服务平台

3.4.1　互联网+智慧用能构建综合能源服务平台背景

在能源互联网快速发展的当下，综合能源服务面临新的机遇和挑战[90]。随着我国经济社会的持续发展，能源生产和消费模式正在发生改变。面对能源转型，国家电网公司担负着电力传输和供应的企业职责，为国家节能减排、绿色发展做出重要贡献。推动新一代的综合能源服务业务，是贯彻落实关于能源“四个革命、一个合作”和国家“节约、清洁、安全”能源发展战略的具体措施，是主动适应能源供给侧改革和电力体制改革新要求的重要途径[91]。综合能源服务是一种新型的为终端客户提供多元化能源生产与消费的能源服务方式，为用户提供“一站式、全方位、定制化”的能源解决方案，服务内容涵盖能源规划、建设、投资、运营及评价等，具有高效、融合、开放的特点[92]。高效是指通过多能互补与梯级利用等节能技术服务提升综合能源用户的能源利用率；融合是指通过多种能源系统友好互动并与信息系统深度融合，从而提升综合能源服务的包容性、实现多种能源资源的智慧利用；开放是指通过创新市场准入和商业模式开放综合能源服务市场，鼓励供给端、电网侧及售电侧等多方主体通过业务延伸参与综合能源服务市场，实现综合能源服务健康、有序发展。2015 年 7 月，国务院印发《关于积极推进“互联网+”行动的指导意见》对智慧能源消费模式的发展给出了指导性原则，涌现的新型能源消费模式对综合能源服务商的商业运营模式提出了更高要求，积极促进了合同能源管理、综合节能服务等市场化机制的发展和完善。2017 年 1 月，国家能源局发布《关于公布首批多能互补集成优化示范工程的通知》，开展了首批 23 项多能互补集成优化示范工程，推动综合能源系统的规划、建设及运营等服务落地和推广。综合能源服务在关键技术应用以及商业模式创新上均得到国家政策的支持，国家级示范工程汇集了良好的运营经验。2019 年 2 月，国家电网公司正式印发《推进综合能源服务业务发展 2019—2020 年行动计划》。该计划提出，技术层面，坚持以电力为中心、多种能源互助的原则，构建开放、合作、共赢的能源服务平台，推动能源互联网和智能能源利用；业务层面，明确综合能效服务、冷暖供电多能源服务、分布式清洁能源服务、电动汽车专属服务四大重点业务领域布局，建立前端开发、后台高度协调、市场化的运营体系，开展混合所有制试点。2023 年 4 月，国家能源局印发《2023 年能源工作指导意见》，要求提升能源消费侧电气化水平，加快建设智能配电网、综合能源系统，提高接纳新能源的灵活性和多元负荷的承载力。我国现阶段的综合能源服务在政策、市场、技术等多重因素作用下，已由概念导入、项目孵化、市场验证迈向业务成长阶段，综合能源服务前景广阔、增长速度快、竞争强度高，电、气、热等行业竞争性合作关系持续加强，企业竞争将逐渐升级为商业生态圈竞争。由于综合能源服务发展中存在知识领域多、用户需求多样化、经济性有待提升以及商业模式有待规范的问题，在业务快速增长的条件下，从业人员很难精准定位用户需求并快速提供综合能源服务解决方案。

本节针对上述问题，从国家电网公司提出的综合能源服务四大重点业务领域出发，结合综合能源服务发展实际，首先对现阶段应用广泛的综合能源服务技术和商业模式进行了归纳，全面介绍省级综合能源服务中心的关键技术与核心功能。其次，提出综合能源服务在学校、城市综合体、医院、园区以及工业企业的系统解决方案，为综合能源从业者提供可选择的能源服务方案，且针对不同类型用户提供大量综合能源服务实例，以便读者系统理解综合能源关键技术与商业模式。综合能源服务是为满足终端客户多样化的能源生产和消费，涵盖能源规划设计、工程投资建设、多元能源运营服务、投融资服务等的一种新型能源服务模式[92]。综合能源服务还包括综合能源和综合服务两个方面：综合能源涵盖电、气、冷、热等多个能源系统的规划、建设和运营，为用户提供“一站式、全方位、定制化”的综合能源解决方案[93]；综合服务的商业模式包括供电业务、设备维修、能效测试、节能设计、数据交易、分布式能源服务和其他综合服务。通过实施综合能源服务，用户可最大限度地发挥自身能源资源优势、因地制宜选用供能技术和管理模式，实现能源的高效利用，获得更优质的用能体验。实施综合能源服务后，用户可收到节能减排的环保效益，以及减少投资与节约运行成本的经济效益。本书的实践案例显示，综合能源服务为用户解决了资金投入难题，提供了节能环保舒适的用能方案。综合能源服务有极大的环保效益、经济效益和社会效益。

本节总结了已有综合能源服务典型技术和商业模式的实践服务方案，形成分场景、成体系的服务方案库，为从业人员评价项目经济性、开展综合能源服务实践提供参考依据。

3.4.2 互联网+智慧用能构建综合能源服务平台特点

“互联网+”具有信息流快、用户黏性高、交易成本低、数据量大等特点，已成为能源综合服务业快速发展的重要动力。作为综合能源供应与服务体系的神经中枢，综合能源服务平台支持的“互联网+”充分利用云计算、大数据、物联网、移动互联网、三维可视化等技术，实现能源匹配和优化调度，以及在线监测、监管、操作和维护，并进行测量和结算。在“互联网+”背景下，电网企业在海量数据分析结果的基础上，不断提升能源规划和能源调度能力，进一步开拓用户市场。支持综合能源供应和运营精益管理需求，实现有效能源供应，满足各类客户对综合能源服务的多样化和高要求[94]。具体体现在以下四个方面[81]。

1. 能源运行调控

能源运行调控利用物联网技术、多能源多抄表、优化调节算法，实现综合能源平台多角度、全方位的数据采集、综合监控、多能源协调调度，保证综合能源平台安全、稳定、高效运行。

2. 能源在线交易

能源在线交易系统是能源综合业务平台的重要组成部分。支持大量市场成员在网上进行电力服务交易，实现能源营销、计费结算、客户服务和会计管理，促进能源市场的可持续运行。

3. 企业能效管理

企业能效管理通过对企业的能源使用状况进行全方位、立体的实时监控、分析和诊断，为企业提供专业的、长期的能效管理方案，帮助企业提高能源利用率，降低企业能源成本，成为企业的“能效管理者”。

4. 资产运维管理

资产运维管理利用三维建模和可视化技术，实现能源综合服务平台能源系统和设备资产档案的电子化传输，实现全生命周期的操作、维护和管理。

3.4.3 “互联网+智慧用能综合示范小区”项目

南方电网公司广州供电局完成了小区先进读表基础建设体系(advanced metering infrastructure，AMI)与双向互动技术的研究，并投产“互联网+智慧用能综合示范小区”项目(简称“智能小区”)。“智能小区”是一套为用户设计的综合能源服务体系[95]。其以电力光纤入户而构筑的通信网络为基础，通过整合电/水/气三表一体化集抄系统、“智能小区”综合管理系统、智能家居、分布式能源、充电设施等关键元素，将能源与信息深度融合，为用户打造智慧用电、高效便捷的生活。

1. 基石：一条电缆连接四张网

在“智能小区”项目中，四网融合是技术的重点，即用光纤复合低压电缆代替原电力传输电缆，通过对不同运营商的网络接入，将互联网、电视网、电话网、电力网融合为一张网。而整个四网融合的物理基础，则是一条藤条粗细的光纤复合低压电缆(optical fiber composite low-voltage cable，OPLC)。OPLC 将光纤组合在电力电缆的结构层中，同时实现电力传输和光纤通信功能，使得光纤复合电缆可承载互联网、电视网、电话网的各种功能[96]。在电力线路到表到户为居民提供电能的同时，也为用户搭建了一条高速光纤通道，打通了电力通信网的神经末梢。电网企业拥有覆盖面最广的电力管廊资源，在布放电力电缆的同时实现光纤入户，其他运营商进驻就无须另行开挖隧道，直接租用，其投资和运维费用预计会降低30%以上，也节约了社会资源的重复投入。电网相关的变电站、配电房、开关柜等基础设施也为通信设备放置提供了良好条件。电缆的共享使得电网和电子信息网有了交集，促进电力流、信息流、业务流深度融合，实现“有电网的地方就有服务”。以电力光纤网为切入点，电网企业下一步还可以发展城市物联网。例如，开发一个可以对家用电器进行遥控管理的智能插座或者 App，让用户通过手机管理自己的用能；又如，在企业生产过程中，每台用电设备的运作情况、能耗高低，或者货仓的温度、湿度、监控调节，只要插上电源，都可以进行远程管理。

2. 跃升：三表集抄撑起“大数据”

建立电表、水表、煤气表集中抄表模式，更加简单、方便、高效[95]。但三表集抄有一个重要前提：电表、水表和气表要实现智能化改造。目前，广州供电局智能电表覆盖范围最广，结合电力光纤入户解决数据传送问题，使电网企业进行三表集抄具有先天优势。“智能小区”电表、水表、气表数据通过集中采集设备和小区专用光纤网络实现计量表数据远传抄表，有效提高抄表的准确度和工作效率，实时进行远程控制和故障诊断，分析系统损耗，实现对电表、水表、气表等的“抄、算、管、控”一体化、智能化管理。三表集抄实施后，用户使用电表、水表、气表的信息将形成海量数据，为大数据分析、深入了解用户需求提供了基础。例如，开灯、关灯这个动作，只是一个微小的信息，但如果将其连成一段历史数据，则能分析出用户的生活习惯、节能意识、人口情况等。根据国外的发展经验，三表集抄下一步趋势就是由供电局统一收费、发布账单，再转付给供水企业和燃气公司。整个过程无需多头衔接，通过信息综合处理，能够提升用户体验。未来，电网企业可以此为基础，推出个性化定制、套餐化的供电服务，甚至延伸至电子产品、家庭社交、金融服务等领域。

3. 终端：智能家居打造高端社区服务

基于四网融合提供的通信通道、三表集抄提供的数据采集，智能家居成为小区服务链条的“末梢神经”，通过家电智能化，渗透到用户生活的方方面面，及时了解终端用户需求，与终端用户及时互动，打造高端的社区服务。“智能小区”项目要引领未来，不应只在智能化上着力，更应包含绿色、环保、低碳的社会公益理念。

3.4.4 综合能源服务发展策略

随着我国能源综合服务市场需求逐步向智能化、高效化、清洁化方向发展，电网企业已不再局限于传统能源服务，开始从单一的销售模式向冷、热、电等多种能源供应模式和多元化的增值服务模式转变。在这种情况下。综合能源服务主要有以下发展战略[81]。

(1) 积极推动节能服务专业化发展，建立专业的综合能源服务队伍，打造综合能源服务品牌，树立专业化、人性化的品牌形象。

(2) 积极拓展光伏发电等新能源业务，加大对分布式发电等节能产业研究的技术投入，尽快在新能源领域立足。探索新时代的创新商业模式，为用户提供基于需求端平台的在线节能服务。

(3) 积极探索新的商业模式。综合能源服务的最终用户极为复杂。随着技术壁垒的打开，以“电”为主线，以“互联网+”为支撑的新型商业模式，可以主要专注于提供个性化的产品和配套服务。

(4) 挖掘能源使用数据的价值。应用大数据技术在供电端建立数据资产运营系统，可以实现数据的价值，既可以帮助供电端准确掌握客户用电习惯和需求，又可以深化客户关系管理，为客户提供个性化的产品和服务。

(5) 加强跨界企业合作。不同于传统单一的服务模式，多元化的综合能源服务需要企业之间的合作，以开拓新的市场。综合能源服务商的合作伙伴主要包括能源生产设备制造、能耗设备制造、信息服务、工程服务等各类企业。综合能源服务企业需要整合多种资源，为客户提供全面的能源服务解决方案。

3.4.5　综合能源服务平台展望

人们在讨论智能电网时，往往关注的是具体功能和实现的技术方法，容易忽略它的社会属性。事实上，未来电力系统所强调的既不是某项功能，也不是实现的具体手段和技术，更不是规模和大小，以及电压等级的高低，而是如何通过现有及未来能够实现的技术和手段打造一个更好的市场，建立更好的综合能源服务平台。在“互联网+”热潮下，通过大数据、云计算来分析用户行为的商业模式已崭露头角。“互联网+”平台为综合能源服务平台的发展注入了新的活力，也对综合能源服务提供商提出了更高的要求。

浙江省供电局启用“互联网+智慧能源”双列示范基地，以浙江省综合能源服务发展现状为立脚点，提出打造以“互联网+”为核心的综合能源服务平台。围绕大数据和移动互联网技术提供了相应的技术解决方案和发展策略，为提高能源综合服务技术服务水平提供了重要参考[81]。

广州供电局“智能小区”项目通过智能化双向交互系统实现多元信息交互。大量用户信息通过用户多元数据、综合能源的信息高速通道汇聚，为电网企业能源服务提供支撑。

第 4 章　电网发展综合评估指标研究

通过分析电网发展的利益相关者，并结合电网的安全性、可靠性、经济性、协调性等基础因素建立综合评估指标体系。电网发展综合评估应该以提高供电可靠性和供电质量为目标，以整体协调发展、优化资源配置为主线，树立电网发展理念，各维度横向协同、各层次纵向贯通，能够为电网规划、设计、建设等指导方向，促进我国加快建成世界一流电网。

4.1　综合评估指标体系构建原则

电网发展综合评估指标体系是衡量地区电网发展状况的重要尺度[97]，根据电网发展的目标与要求，结合电网发展方向，该指标体系应涵盖电网各个方面的特征，并且能够指出电网发展中的薄弱环节，科学、合理地指导电网未来建设方向。因此，指标体系的建立应遵循以下原则。

⑴系统性：评价指标体系应能全面、准确、客观地反映配电网的本质特征和整体绩效。评价指标体系要层次分明、结构合理、协调一致。

⑵科学性：各指标体系的设计和评价指标的选择必须科学，明确分析各个指标与评估目标之间的关联性，无论从单一角度评估，还是从整体评估，该指标都能反映出评估目标的状态，体现出它自身的价值。

⑶独立性：评估指标的定义与特征是唯一的，应减少指标之间出现交叉、包含、因果关系等问题，并且每个指标都能够独立地反映电网某个方面的问题。

⑷可比性：评价指标的可比性是指评价指标的含义明确，测量口径一致，能够实现纵向和横向可比性[98]。

⑸完整性：电网评估是一项复杂的工程，一套完整的电网发展综合评估指标体系，既要考虑外部环境和政策的影响，也要考虑自身资源的影响。

4.2　指标体系的设计与需求分析

4.2.1　指标体系的设计

指标是体现电网某个方面特征的微观表现。要全面对电网进行综合评估，就必须建立包含评估对象整体特征的各种影响因素集，即综合评估指标体系。评估指标体系是对评估对象进行评价的重要基础和依据。电网发展综合评估指标体系的实现包含如下几个步骤，见图 4.1。

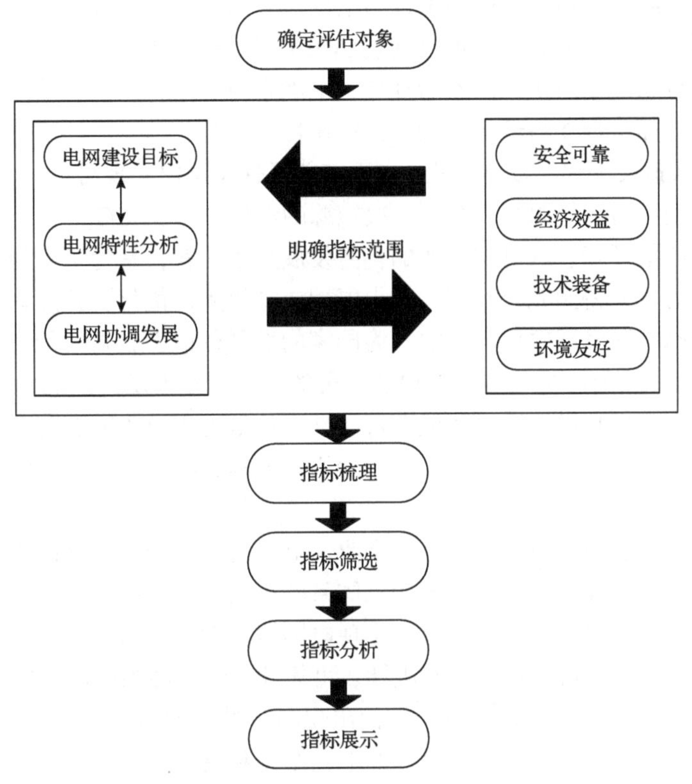

图 4.1 电网发展综合评估指标体系设计步骤

(1) 确定评估对象。主要针对地区电网发展协调性综合评估，体现出电网覆盖面广、体系复杂、影响因素多等特点。

(2) 明确指标范围。从电网建设的目标出发，分析电网发展对技术性、经济性、社会性等的要求，明确电网综合评估指标的范围。

(3) 指标梳理。结合评估对象与指标的选取范围，综合考虑指标之间的关联性与层次化结构，根据指标的差异化特征建立层次化、系统化的电网发展综合评估指标体系[99]。

(4) 指标筛选。根据指标体系的构建原则，删除或替换相关性较强的指标，保持指标的代表性、可操作性，建立完善合理的电网发展综合评估指标体系。

(5) 指标分析。采用聚类分析理论对指标进行分类，明确各个指标的计算方法以及基础数据的来源，为评估模型的建立和指标体系的应用提供思路。

(6) 指标展示。

4.2.2 指标需求分析

电网发展综合评估指标体系可以为电网规划与发展指导方向，同时可以为电网投资建设提供决策意见。根据电网发展相关需求性分析，电网发展综合评估指标体系可以分为三个层次：国家与社会、电网企业、电力用户。从国家与社会角度出发，一方面电网要与经济发展保持协调性，并且能够保障经济持续良好的发展，为社会快速发展提供基础；另一方面节能环保是国家实现可持续发展的基础，电网大规模利用清洁能源可以节约一次能源的消耗，减少 CO_2、SO_2 等污染物的出现，有效改善环境。从电网企业的自身发展角度而言，是为了得到更好的社会效益，使电力资源得到充分利用，减少电网成本投入，优化资源配置，完善电网架结构，提高电网发展效率与效益，为国家的发展创造出更高的价值。电网企业作为人民生活的基础，电网的发展要从人民的自身利益出发，更好地为人民服务，实现质优价廉，提高供电质量和供电可靠性。从电力用户角度而言，是为了获得更为优质、安全、可靠的电能供给，减少用电成本，提高用电量中清洁能源发电量的比例。

由上可知，从国家与社会、电网企业、电力用户三个方面分析评估指标，会存在耦合性和对立性，并且会影响指标体系的全面性。因此，在构建评估指标体系时，要综合考虑电网各方面需求，实现电网协调发展。结合电网发展和运行特点，电网的需求指标可以划分为基础性、可靠性、经济性和协调性指标。

(1)基础性需求：当电网的某个方面出现问题时，电网的发展将从根本上受到制约。良好的电网建设必须具备合理的电网结构和灵活可靠的技术装备，同时应该提升电网的智能化水平[100]。因此，坚强的网架结构、可靠的设备水平是保障电网发展的基础[101]。

(2)可靠性需求：电网的供电可靠性较差会给电力用户的生活带来不便，甚至使电网产生灾难。安全可靠的供电能力是保障电网稳定运行的基础，因此，电网的安全可靠性和供电能力是电网持续稳定发展的重要因素。

(3)经济性需求：逐步完善电网基础建设是电网企业追求的目标，而经济效益从根本上体现电网的投资效益。电网建设的经济性需要高效的运行管理，使电网资源得到充分利用，降低损耗，节约建设成本，从而能够达到低投入高回报。因此，经济性需求可从电网利用率和电网发展效益两个方面体现。

(4)协调性需求：电网发展的协调性是实现可持续发展的基础，电网可持续发展不仅与电网自身的结构、效率与效益等因素有关，而且与外部环境、经济发展等息息相关。因此，电网要实现可持续发展就必须要与外部环境、资源裕度、清洁能源等相结合，使电网自身建设与外部环境因素协调发展。

通过从国家与社会、电网企业、电力用户三个方面对电网发展的利益相关者进行分析，并综合考虑电网发展基础性需求、可靠性需求、经济性需求、协调性需求[102]，从不同角度对评估指标进行定性与定量分析，从而构成了区域电网发展评估指标需求集，见图 4.2。

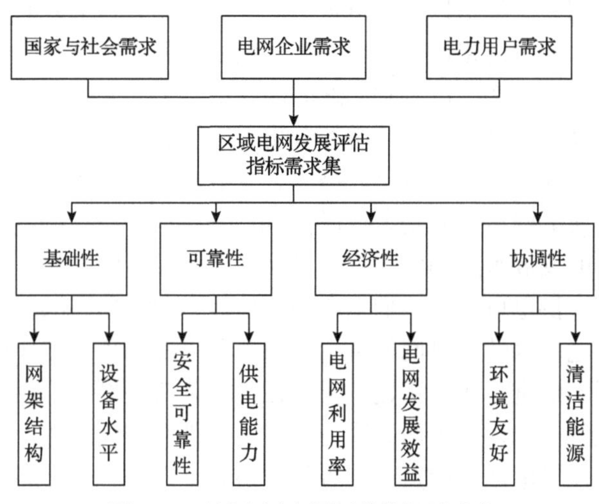

图 4.2　区域电网发展评估指标需求集

4.3　综合评估指标体系的构建

根据上述地区电网发展评估需求指标集分析，综合考虑国家与社会的节能环保、协调适应需求，电网企业追求的经济效益和社会效益，电力用户追求的质优价廉、友好互助的要求[103]，再结合电网发展自身的基础性、可靠性、经济性和协调性，从而能够建立全面、科学的电网发展综合评估指标体系[104]。一方面，该指标体系能够体现某一地区在某个时间段内的实际建设和运行情况，从而突出薄弱环节，为后期电网规划提供决策意见。另一方面，该指标体系可以将经济基础不同的地区进行横向对比分析，从而发现各个地区电网发展的优劣，相互学习，弥补不足。

借鉴电网发展综合评价指标体系的建立方法，综合分析国家与社会、电网企业、电力用户三个方面，从电网安全与质量、电网效率与效益、电网设备水平、电网外部环境影响四个维度建立适合地区电网发展评估的宏观指标集。然后，考虑电网发展的基础性、可靠性、经济性、协调性等几个特性，建立各个维度的微观评估指标集。微观指标是宏观指标的具体体现，二者之间相互依存，并且宏观指标是电网发展评估的核心价值，从整体上反映了地区电网的发展水平和实际效益，是微观指标集中所有指标的综合体现；微观指标包括电网安全可靠性、电网结构、供电能力、利用率、发展效益、技术装备、智能化水平、清洁能源等。

4.3.1　电网安全与质量

电网安全与质量是反映电网发展状况的基本因素。根据我国地区电网发展的实际情况，从电网的网架结构、供电可靠性、供电能力三个方面体现电网发展安全质量。网架结构是电网建设和发展的基本组成部分，从电网的整体结构来看，网架结构包括线路、主变，以及它们之间的联络关系，安全、可靠、合理的网架结构是电网具有稳定的可靠性和优质的电能质量的前提。主要从线路与主变 N–1 通过率、长度超限线路比例、线路联络率、变电站单变率反映电网的网架结构。供电可靠性是反映电网运行的基本特征，供电质量不合格不仅会给经济带来损失，同时会影响社会的发展和人们的正常生活，甚至会阻碍国家和社会的发展。选取综合电压合格率、供电可靠率、低电压用户比例、变压器和架空线路可用系数反映地区电网的供电可靠性。电网的供电能力需要与地区负荷增长相匹配，随着经济的发展，电网不断进行增容扩建，但是在夏季负荷高峰期，会不可避免地出现主变、线路过载的情况，一方面是因为负荷变化具有不确定性，另一方面是变电站分布不均匀，使供电区内的负荷与容量不协调。因此，供电能力是地区电网发展评估必不可少的一部分。选取容载比、可扩建主变容量占比、线路和主变重载比例反映地区电网的供电能力。电网安全与质量指标的组成见图 4.3。

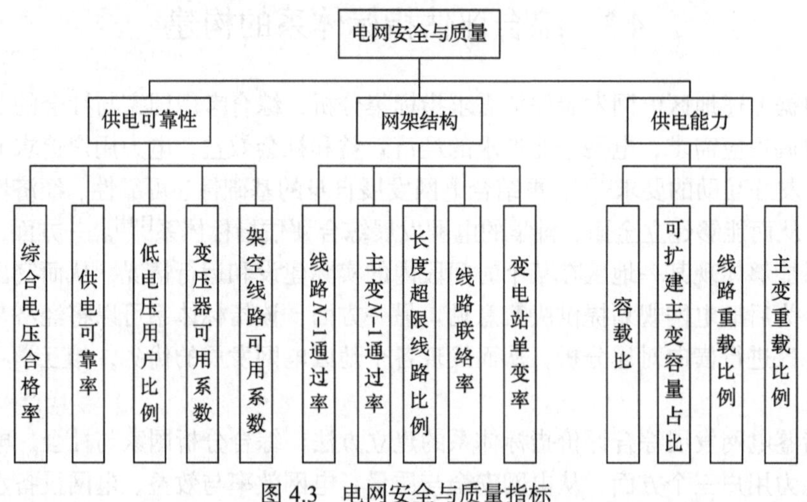

图 4.3　电网安全与质量指标

1. 供电可靠性

(1) 综合电压合格率：该指标由 A、B、C、D 四类组成，A 类指的是地区供电的发电厂与变电站的 10kV 母线；B 类为 35kV、66kV 专线电压合格率和 110kV 及以上用户端电压合格率；C 类为用户 10kV 线路末端电压合格率；D 类为低压

配电网的首末端和部分主要用户的电压合格率[105]。计算公式为

$$综合电压合格率(\%)=0.5V_{A}+0.5\times\frac{V_{B}+V_{C}+V_{D}}{3} \tag{4.1}$$

式中，V_A为 A 类电压合格率；V_B为 B 类电压合格率；V_C为 C 类电压合格率；V_D为 D 类电压合格率。

(2)供电可靠率：反映电网供电可靠性，指在一年的供电时间内除去平均停电时间后，电网供电时间所占的比例[106]。

(3)低电压用户比例：反映县级供电区内低电压用户的情况。计算公式为

$$低电压用户比例=\frac{低电压用户}{用户数}\times100\% \tag{4.2}$$

(4)变压器可用系数：反映各电压等级变压器可用小时数占比[107]。

(5)架空线路可用系数：反映各电压等级架空线路可用小时数占比[108]。

2. 网架结构

(1)线路 N–1 通过率：当电网中的一条线路故障或计划退出运行时，保持持续供电能力的整体量化描述，应考虑本级和下一级电网的转供能力。

(2)主变 N–1 通过率：当电网中的一台主变故障或计划退出运行时，保持持续供电能力的整体量化描述，应考虑本级和下一级电网的转供能力，计算公式为

$$主变N-1通过率=\frac{满足N-1的主变数}{总主变数}\times100\% \tag{4.3}$$

(3)长度超限线路比例：某个电压等级线路长度超出电网规划导则中规定长度的比例。计算公式为

$$长度超限线路比例=\frac{长度超出规定长度的线路条数}{线路总条数}\times100\% \tag{4.4}$$

(4)线路联络率：中压配电网中与其他线路有联络的线路所占的比例，用以反映配电网的结构灵活性。计算公式为

$$线路联络率=\left(1-\frac{单辐射线路总条数}{中压线路总条数}\right)\times100\% \tag{4.5}$$

(5)变电站单变率：变电站中只有单台主变所占的比例，可以反映电网中备用电源的情况。计算公式为

$$变电站单变率=\frac{单台主变变电站座数}{变电站总座数}\times100\% \tag{4.6}$$

3. 供电能力

(1)容载比：某个电压等级的最大负荷日投入的变电容量与最大负荷的比值，可从整体上反映区域电网的供电能力。容载比是电网规划的重要指标，合理的容载比能够满足负荷增长，保障供电可靠性。

(2)可扩建主变容量占比：某个电压等级最终规划的容量与当前已经投产的容量差值占目前已投运的主变容量的比例。

(3)线路重载比例：线路重载是指一条线路在最大负荷日的负载率超过了80%，线路重载比例可以反映线路的非正常运行情况。

(4)主变重载比例：主变重载是指主变压器在最大负荷日的负载率超过了80%，主变重载比例可以反映主变的非正常运行情况。计算公式为

$$\text{主变重载比例}=\frac{\text{重载主变台数}}{\text{主变总台数}}\times 100\% \tag{4.7}$$

4.3.2 电网效率与效益

为了实现电网的可持续发展，在保障安全可靠性的前提下，要提高电网资源的利用率，并且尽可能增大投资效益。从电网利用率和电网发展效益两个方面分析电网效率与效益[109]。电网利用率的提高可以提升电网的资产利用率，合理分配电网资源，并且可以提高电网的经济性。选取线路最大负载率、线路平均负载率、主变最大负载率、主变平均负载率和综合线损率反映电网利用率。电网发展效益是从经济性的角度衡量电网发展状况，由于电网规模不断扩大、建设投资额巨大，对电网发展效益的分析有着重要的经济和社会价值。选取单位电网投资增供负荷、单位电网投资增售电量、单位电网资产售电收入三个指标来反映电网的发展效益情况[110]。电网效率与效益指标见图 4.4。

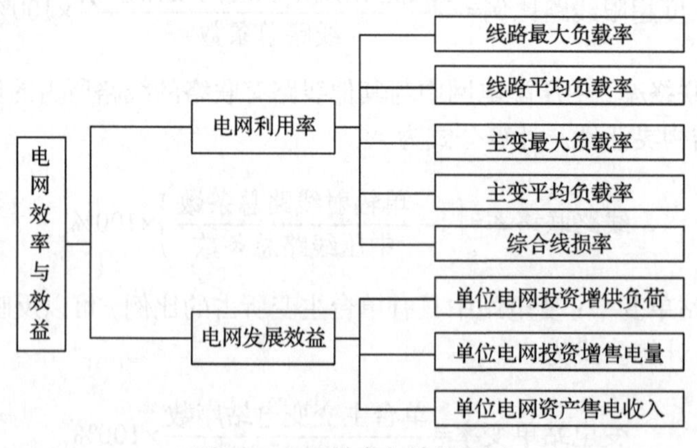

图 4.4　电网效率与效益指标

1. 电网利用率

(1)线路最大负载率：线路的年最大有功功率与线路的经济输送功率的比值，能够体现出线路的利用率情况[111]。

(2)线路平均负载率：所有线路在最大负荷时刻最大负载率的平均值。

(3)主变最大负载率：主变最大负荷与额定容量的比值，能够体现出主变的容量利用率和发展裕度。

(4)主变平均负载率：该指标与线路平均负载率类似，反映所有主变在最大负荷时刻的最大负载率的平均值。

(5)综合线损率：电力输送端与接收端的差值与总输电量的比值，反映电网企业设备水平、管理水平、运营水平的重要经济技术指标[112]。

2. 电网发展效益

(1)单位电网投资增供负荷：单位电网投资增加的电力负荷，反映了电网投资的负荷效益[113]，计算方法为当年统调最高用电负荷与上一年统调最高用电负荷的差值除以上一年电网投资。

(2)单位电网投资增售电量：单位电网投资增加的售电量，反映了电网投资的经济效益[113]。

(3)单位电网资产售电收入：单位电网资产所产生的售电收入，表明资产的收入效益[110]。

4.3.3　电网设备水平

电网设备水平对电网的建设和发展起着决定性的作用。本节从技术装备和智能化水平两个方面反映电网的整体设备水平。技术装备是体现电网设备水平的基本因素，直接影响电网的安全可靠性和电能质量的优质性，良好的技术装备水平是电网可持续发展的基础。根据电网结构特点，选取主变运行年限、线路运行年限、中压架空线路绝缘率、高损耗配变比例指标来反映电网的技术装备水平。根据当前智能电网的建设和发展水平，目前电网中信息化、自动化设备越来越多，智能化就是将计算机、通信、信息技术与电网实时运行状况、网架结构、设备运行等信息相结合，可以监视电网各个环节的运行情况，并对电网实施保护。智能化设备可以提高电网的供电安全可靠性，减少人为操作失误所造成的损失。结合当前我国智能电网发展水平，选取智能变电站占比、配电自动化覆盖率、变电站综合自动化率来反映电网的智能化水平。电网设备水平指标见图 4.5。

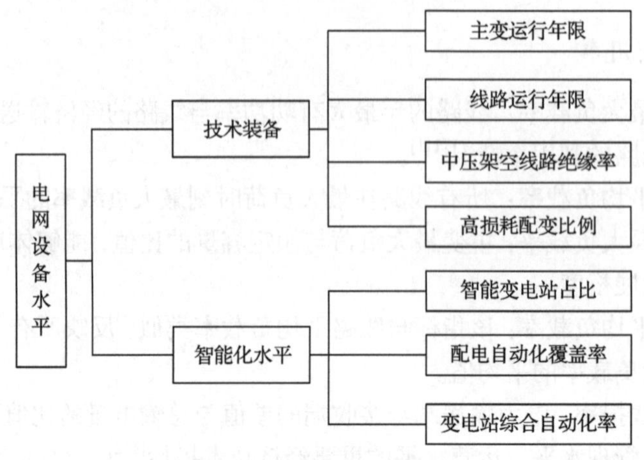

图 4.5　电网设备水平指标

1. 技术装备

(1)主变运行年限：反映 10～110kV 电力变压器运行年限 20 年以上的比例，在一定程度上能够反映出设备故障概率的趋势，从而明确电网设备改造的方向。

(2)线路运行年限：该指标与主变运行年限类似，反映 10～110kV 线路运行年限 20 年以上的比例。

(3)中压架空线路绝缘率：反映该地区中压配电网的线路绝缘化水平[105]。

(4)高损耗配变比例：公用配电变压器中 S7(S8)系列及以下配电台数占总公用配电变压器台数的比例。

2. 智能化水平

(1)智能变电站占比：智能变电站是指符合《智能变电站优化集成设计建设指导意见》和《国家电网公司输变电工程通用设计　110(66)～750kV 智能变电站部分》等相关技术标准的变电站。在这里主要考虑 110kV 及以上智能变电站座数比例[114]。

(2)配电自动化覆盖率：反映区域内配电自动化区域 10kV 线路的比例[107]。

(3)变电站综合自动化率：反映变电站自动化的程度，变电站综合自动化是指采用一系列模块化、分布式结构、通信功能等实现基本的智能化控制技术。

4.3.4　电网外部环境

在全球变暖和能源危机的影响下，目前世界各个国家大力倡导低碳经济，建设绿色电网。发展绿色电网就是以“安全、经济、绿色、和谐”为原则，建设资源节约、环境友好的电网。本节从环境友好和清洁能源两个方面来衡量电网发展对外部环境的影响。环境友好型电网是目前智能电网发展的一个重要目标，电网的发展与外界环境息息相关，因此选取服务满意度、二氧化碳减排量、二氧化硫减排量、土地资源利用率作为环境友好指标。发展绿色电网，首先必须要优化和调整发电能源结构，构建绿色能源平台，大力发展清洁能源，减少使用不可再生能源。为响应节能减排的号召，电网大力发展水电、风电、太阳能发电和生物质能发电等，使清洁能源得到充分利用[115]。通过大量的可再生能源发电，降低了煤炭等不可再生能源的使用，这使我国的环境问题得到了改善。根据我国地区电网的发展状况，选取节能型变电站比例、分布式电源渗透率、电动汽车充电站用电量比例、新能源装机比例四个指标来反映地区电网清洁能源发展状况。电网外部环境指标见图 4.6。

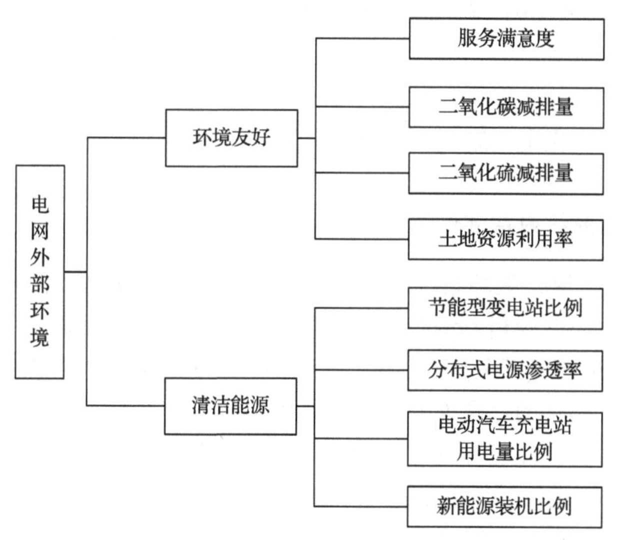

图 4.6　电网外部环境指标

1. 环境友好

(1)服务满意度：通过 95598 客服系统了解电力用户对所反映问题解决的满意程度，即用户对电网的满意度。

(2)二氧化碳减排量：电网中二氧化碳的排放量主要体现在发电侧火电对煤炭等不可再生能源的利用，加大可再生清洁能源的发电可以有效减少二氧化碳的排放量，实现低碳电网。通过可再生能源发电量与地区全年用电量的比值可以体现出二氧化碳减排量。

(3)二氧化硫减排量：该指标的含义与计算方法和二氧化碳减排量类似[116]。

(4)土地资源利用率：变电站可利用土地资源所占的比例。目前由于城市化的快速发展，土地资源变得越来越珍贵，并且土地价格更是突飞猛进。因此，合理规划电网发展方向，提前拟定变电站布点位置，充分利用土地资源，可以提升电网投资效益。变电站土地资源利用率可以用变电站的设计面积与规划面积的比值来体现。

2. 清洁能源

(1) 节能型变电站比例：符合节能环保要求的变电站所占的比例，反映低碳电网绿色发展的适应能力。

(2) 分布式电源渗透率：分布式电源提供电量占地区系统负荷耗电量的比例。

(3) 电动汽车充电站用电量比例：电动汽车充电站所用电量占地区总的用电量的比例。

(4) 新能源装机比例：新能源装机占电源总装机的比例，反映了新能源的利用情况。

4.4 综合能源系统效益评价模型

4.4.1 综合能源系统效益评价指标体系

现阶段，关于综合能源系统效益评价的研究还相对较少。在现有的研究当中，对 CCHP 系统、燃气轮机系统等实行效益评估，选取系统投资费用、一次能源消耗量以及 NO_x 排放量等分别作为综合能源系统的经济、能耗量、环境效益的评价指标。本节所构建的综合能源系统效益评价指标体系囊括了综合能源系统能够产生的经济、社会、环境等三方面的效益情况，但由于仅设置较少的二级指标，尚不能全面、深入地反映综合能源系统的效益情况。本节从能源环节、装置环节、配网环节及用户环节分别建立了综合能源系统效益评价指标体系，并将反映经济效益、社会效益、环境效益的指标融入不同环节中，具体评价指标见表 4.1。考虑到区域综合能源系统内部不同能源系统间的耦合关系，且需要实现比较全面地反映综合能源系统所带来的经济、环境以及社会效益，但是该指标体系选取指标的颗粒度还不够细，涵盖的效益指标还不够全面，例如，暂未考虑天然气管网、热力管网等的负载率，也未考虑投资收益等经济性指标，有待丰富和完善。此外，评价指标分为外部性指标和内部性指标，而外部性指标又主要分为环境外部性指标(包括供电电压、频率合格率等)、经济外部性指标(包括电压分布改善、降低线损等)、社会外部性指标(包括单位所投资就业人数、用电收支的变化等)和能耗效率指标(包括物理-热量、经济-热量等)四个方面；内部性指标主要根据财务指标(包括净现值、内部收益率等)的标准选择。但该指标体系的问题在于选取了较多综合能源系统中与电力系统相关的指标，而对于天然气、热力、冷等其他能源系统相关的效益指标考虑得不充分。相较于国内考虑的各环节、各类型效益指标，国外对综合能源系统的效益评估多采用传统的评价指标，即以综合能源系统的技术经济指标(投资及运行成本、净现值、内部收益率、投资回收期等)、污染减排指标(CO_2、SO_2、NO_x 排放量)以及化石能源耗量等指标作为衡量综合能源系统的投资价值以及环保效益指标，简洁明了且操作性强。有些以利用电-热耦合的热电联产(combined heat and power，CHP)系统作为研究对象，采用技术经济评价的方法，构建了较为完整的投资效益评估指标体系，提出了不同评价指标的计算公式、表征含义以及应用局限性。根据现存的研究成果，国内外正在对综合能源系统效益评估指标体系展开一定研究，但使其应用于实际工程评价的综合能源效益评价指标体系及其评价标准尚有待完善[117]。

表 4.1 综合能源系统效益评价指标体系

一级指标	二级指标	指标单位	指标类型
能源环节	能源转换效率系数	—	经济/环境效益
	可再生能源渗透率	%	环境效益
	环境污染排放水平	t	环境效益
	能源经济性水平	—	经济效益
装置环节	设备利用率	%	经济效益
	装置故障率	%	经济效益
	投资运维成本	万元	经济效益
	装置使用寿命年限	年	经济效益
配网环节	配网负载率水平	%	经济效益
	网络综合损耗	%	经济效益
	缓建效益能力	万元	经济/社会效益
	平均故障停电时间	h	经济效益
用户环节	用户端能源质量	—	社会效益
	用户舒适度	%	社会效益
	主动削峰负荷量	kW	经济/社会效益
	智能电表普及度	%	社会效益

4.4.2 综合能源系统效益评价方法

在综合能源系统效益评价方法设计方面，国内外广泛使用的综合评价方法包含灰色关联法、神经网络算法、熵权法、层次分析法(analytic hierarchy process，AHP)、支持向量机算法及其他智能优化算法等。采用 AHP 熵权法对综合能源系统的综合效益展开评价，即在主观 w_j 表示 AHP 确定的指标权重值与客观 w_j 表示熵权法确定的指标权重值赋权后引入熵值 H_j 表示指标熵值，并对 AHP 进行修正，敲定组合权重，构建多属性综合决策的综合能源系统效益评估模型，进行综合能源系统效益评估与方案择优。近年来国外将相关领域的研究热点转移到将概率分析法引入综合能源系统的效益评估中，采用概率分析法将定量分析与定性分析相结合的赋权方式来确定评价指标的权重系数，可以使评价结果更加客观地反映用户需求、市场价格和可再生能源出力等不确定性因素对综合能源系统效益带来的影响和风险[117]。统筹考虑用户需求和市场价格的不确定性，采取基于蒙特卡罗模拟的方法，用于测算含热电联产、蓄热装置以及需求响应资源的综合能源系统的净现值期望，从而评价不同投资方案下所取得的收益。由此提出针对综合能源系统的均值-方差投资组合评价方法，以及项目平均收益其方差作为主要指标对综合能源系统的预期投资效益进行评估，并以一个包含可再生能源、热、氢气系统的综合能源系统为算例系统进行评价，具备一定的参考价值[117]。与此同时，国内部分已有研究对综合能源系统综合效益的概率评价方法进行了一定程度的探索，建立了基于正态分布区间数的权重信息的不完全的综合效益评估模型，以处理综合能源系统效益评价过程中指标的确定性以及不确定性问题。首先，该评价模型将区间数属性矩阵转化成正态分布区间数属性矩阵，并通过 Lagrange 函数求解该模型，以此作为基础，根据最优属性权重处理属性矩阵 R，求出第 i 个评价指标的综合属性数值，并基于期望-方差准则对综合能源系统的综合效益进行评估。此评价方法的计算过程较为复杂，评价结果的客观性取决于指标区间数的上下限范围，取值不同可能会导致评价结果不相同。虽然目前针对综合能源系统已经建立了不同的效益评价模型，但现行研究中的综合评价方法还介于理论层面，支撑具体案例落地的实用性尚难以保证[117]。

4.5　综合能源系统的动态建模和仿真

目前围绕综合能源系统的建模大多是各种设备的静态建模，对一些新型设备和各种能源耦合集成后的系统的动力机理、控制规律和优化特性还缺乏深入的研究，从而在综合能源系统的规划、设计和运行控制中遇到了一些困难。虽然国内外研究人员对综合能源系统进行了动态建模和仿真研究，但目前仍集中在热电联产系统上，对热泵、电制氢、蓄冰等更高效、干净的耦合形式考虑较少。模拟设备数量较少，难以表征和模拟未来综合能源系统的典型形态和运行特性。因此，有必要建立一套包括热泵、电制氢、蓄冰等新设备在内的综合能源系统物理设备的静态和动态模型，开发适用于各种能量耦合的综合能源系统的规划和运行仿真工具，以促进综合能源系统的科研和工程实施。

4.5.1　综合能源系统的投资收益评估机制

综合能源体系的规划和建设，将带动能源产业的发展和改革。相关项目从投资建设到生产经营的全过程，将给国民经济、能源生产和利用方式、环境等带来重大效益。因此，有必要建立综合能源系统投资收益评价机制，设计科学的评价指标、方法和标准，对综合能源系统的投资、建设、运行和效益进行系统、科学的评价。同时，也要尽快制定和实施综合能源系统的财政补贴政策、税收减免政策、投融资政策和市场建设政策，为综合能源系统的投资收益评价提供明确的政策和市场环境。

4.5.2　考虑需求侧能源的综合能源协同控制与调度优化

当前，国内外在综合能源系统的控制调度与运行优化方面已经进行了较为丰富的研究，提出了一系列理论可行的电-热、电-气、电-热-冷、电-气-热、电-气-热-冷等多种能源调度控制优化方法，为综合能源系统的调度控制提供了理论上的方法支撑。现有研究中综合能源系统调度模型的目标函数主要为

$$\min F(C) = \sum_{n=1}^{N} C_n \tag{4.8}$$

$$\min F(B) = \sum_{m=1}^{M} B_m \tag{4.9}$$

$$\min F(L) = F(L_E) + F(L_H) + F(L_G) \tag{4.10}$$

式中，$\min F(C)$ 为系统成本函数；C 为各成本项；$\min F(B)$ 为系统燃料消耗函数；B_m 为各机组的燃料消耗参数；$\min F(L)$ 为系统的能源短缺函数；$F(L_E)$ 、$F(L_H)$ 和 $F(L_G)$ 分别为系统的断电、断热和断气函数。

同时，在对综合能源系统进行调度控制时，需要考虑的约束包括动力、热力和天然气子系统的物理和经济约束，比传统动力、天然气和热力的独立调度方法更为复杂。然而，现有研究很少考虑需求侧各类能源负荷的可调度性。事实上，需求侧各能源负荷调度可以提高电、热、冷、天然气的生产输出与各种能源负荷消耗的匹配程度，提高系统的运行效率。容灾技术在电力系统中的应用证实了这一点。因此，有必要深入挖掘需求侧电、热、气、冷负荷的调度价值，研究考虑需求侧各种负荷响应能力的综合能源协调控制与调度优化方法，实现各种能源资源的优化利用。随着新技术、新设备的不断发展和应用，综合能源系统的基本架构也在不断完善和演变，其经济效益、环境效益和社会效益将日益明显。在综合

能源系统理论研究不断深入、国内试点项目有序开展的背景下，综合能源系统的建模仿真、运行优化和效益评价具有良好的实施条件，是未来进一步深入研究的关键方向。本书通过对综合能源系统的基本架构、独立耦合设备单元的物理经济建模和效益评价系统的研究，旨在明确综合能源系统规划、建设和运行控制的物理边界和效益，为相关项目的实施和仿真平台的研发提供参考。

4.6　综合评估指标体系

综合考虑城市电网发展的利益相关者以及电网建设自身的安全性、可靠性、经济性和协调性，结合聚类分析法的思想，并根据电网各个部分的特点和电网发展的特性，以供电可靠性、网架结构、供电能力、电网利用率、电网发展效益、技术装备、智能化水平、环境友好和清洁能源 9 个指标作为二级指标。电网发展综合评估指标体系见表 4.2。清洁能源、低碳环保和智能化是我国电网发展的核心。通过分析部分学者研究的电网综合评估指标体系可知，一般是从供电能力、网架结构、技术装备、供电质量等几个方面评估电网发展水平，而由当前的电网发展趋势可知这并不能全面评估一个地区的电网整体水平。根据我国电网发展特点，对评估指标体系进行分析总结，创新性地引入与建设绿色电网和智能电网相关的环境友好、清洁能源型指标，并从电网发展利益出发，建立了电网发展综合评估指标体系。该指标体系包含电网评估需求的各个方面。

表 4.2　电网发展综合评估指标体系

一级指标	二级指标	三级指标
A 电网安全与质量	A1 供电可靠性	A11 综合电压合格率
A 电网安全与质量	A1 供电可靠性	A12 供电可靠率
A 电网安全与质量	A1 供电可靠性	A13 低电压用户比例
A 电网安全与质量	A1 供电可靠性	A14 变压器可用系数
A 电网安全与质量	A1 供电可靠性	A15 架空线路可用系数
A 电网安全与质量	A2 网架结构	A21 线路 *N*–1 通过率
A 电网安全与质量	A2 网架结构	A22 主变 *N*–1 通过率
A 电网安全与质量	A2 网架结构	A23 长度超限线路比例
A 电网安全与质量	A2 网架结构	A24 线路联络率
A 电网安全与质量	A2 网架结构	A25 变电站单变率
A 电网安全与质量	A3 供电能力	A31 容载比
A 电网安全与质量	A3 供电能力	A32 可扩建主变容量占比

续表

一级指标	二级指标	三级指标
A 电网安全与质量	A3 供电能力	A33 线路重载比例
		A34 主变重载比例
B 电网效率与效益	B1 电网利用率	B11 线路最大负载率
		B12 线路平均负载率
		B13 主变最大负载率
		B14 主变平均负载率
		B15 综合线损率
	B2 电网发展效益	B21 单位电网投资增供负荷
		B22 单位电网投资增售电量
		B23 单位电网资产售电收入
C 电网设备水平	C1 技术装备	C11 主变运行年限
		C12 线路运行年限
		C13 中压架空线路绝缘率
		C14 高损耗配变比例
	C2 智能化水平	C21 智能配电站占比
		C22 配电自动化覆盖率
		C23 变电站综合自动化率
D 电网外部环境	D1 环境友好	D11 服务满意度
		D12 二氧化碳减排量
		D13 二氧化硫减排量
		D14 土地资源利用率
	D2 清洁能源	D21 节能型变电站比例
		D22 分布式电源渗透率
		D23 电动汽车充电站用电量比例
		D24 新能源装机比例

第5章　综合能源服务商业运营与管理

5.1　典型商业模式分析

近年来，由于能源互联网技术，分布式发电供能技术，能源系统监视、控制和管理技术[51]，以及新的能源交易方式发展迅猛，使用规模逐渐扩大，综合能源服务(集成的供电/供气/供暖/供冷/供氢/电气化交通等能源系统)在世界范围内引起广泛关注，世界各国以及企业纷纷围绕综合能源服务进行战略竞争和合作，促使能源系统走上改革的道路[24]。在此背景下，国内各企业也紧跟国际潮流，向着综合能源服务转型。因此，充分了解国外综合能源服务的发展情况[118]，学习其优质的商业模式是至关重要的。

5.1.1　国外综合能源服务发展现状

综合能源服务的第一层含义为综合能源，包含电力、燃气、冷、热等多种能源；第二层含义为综合服务，包含工程服务、投资服务和运营服务。资金、资源及技术是综合能源服务中不可缺少的重要因素。对于综合能源服务的定义，国内外迄今没有统一的标准。目前国外大多使用 multi-carrier energy systems、multi-vector energy systems、integrated energy systems 及 energy systems integration 表述综合能源服务相关概念。如今综合能源产业竞争十分激烈，传统能源产业(电力企业、电网企业、燃气企业、设备供应商、节能服务公司、系统集成商及专业设计院等)接连投入综合能源服务转型行列[119]。

传统能源服务的概念于 20 世纪 70 年代中期出现在美国，通常应用于对已建项目进行节能改造、推广节能设备等，其主要商业模式为合同能源管理。70 年代末期，分布式能源服务逐渐在美国兴起，主要推行热电联供、光伏、热泵、生物质等可再生能源，其中新建项目居多，融资额度更大，商业模式更加灵活。随着互联网、大数据、云计算等技术的兴起，一种融合了清洁能源与可再生能源的区域微网技术的新型综合能源服务模式逐渐替代了老旧的能源服务成为如今最受关注的能源服务模式[120]。综合能源服务不仅能够有效提升能源利用率，并且还是实现可再生能源规模化开发的重要一环。因此，世界各国围绕各自的需求分别制定了适合自身发展的综合能源发展战略，具体详见 1.2.2 节[24,121-123]。

5.1.2　国内外综合能源服务典型案例

1. 德国 RegModHarz 项目

德国的哈慈地区开展的 RegModHarz 项目由 2 个光伏电站、2 个风电场、1 个生物质发电场组成，共计 86MW 发电能力。根据预测的日前市场和日内盘中市场的电价以及备用市场制定生产计划。开展 RegModHarz 项目的目的是协调分散风力、太阳能、生物质等可再生能源发电设备与抽水蓄能水电站，能够最大化发挥可再生能源的综合循环。其核心示范内容是在用电侧整合了储能设施、电动汽车、可再生能源和智能家用电器的虚拟电站，包含大量更贴合实际的能源需求元素。RegModHarz 项目主要措施如下[24]。

(1) 建立家庭能源管理系统。利用该系统可以实现家电“即插即用”，家电的运行状态取决于电价高低，同时负荷和新能源发电之间联系紧密，主要体现在利用用户的负荷可以随时观察可再生能源的发电量变化情况。

(2) 为监测关键节点的电压和频率等运行指标，查找电网的不足之处，在配电网中安装了 10 个电源管理单元。

(3) 利用由光伏、风机、生物质发电、电动汽车和储能装置组成的虚拟电厂，参与电力市场交易。

RegModHarz 项目的典型成果也包含三个方面[32]。

(1) 开发设计了基于 Java 的开源软件平台 OGEMA，一方面为外接的电气设备实行标准化的数据结构和设备服务；另一方面可独立于生产商支持建筑自动化和能效管理，负荷设备在该平台可以实现在信息传输方面的“即插即用”。

(2) 分布式能源系统参与市场调节的方法逐渐成熟，主要得益于虚拟电厂直接参与电力交易，使配电网系统的调节控制技术不断出新，调控手段逐渐丰富。

(3) 哈慈地区对水电和储能设备进行了调节，有效平抑了风机、光伏等功率输出的波动性和不稳定性，该成果证明太阳能、风能等可再生能源富足的地区在区域电力市场范围内完全可以达成全部由清洁能源供能的局面。

2. 国内综合能源服务的总体项目概况

目前，我国综合能源服务还不成熟，处于初级阶段。电力销售商、服务公司和技术公司是提供能源服务的主要企业。目前国内提供综合能源服务的供应商有南方电网综合能源股份有限公司、广东电网综合能源投资有限公司、华电福新能源股份有限公司，以及新奥泛能网络科技有限公司、协鑫分布式微能源网络有限公司、远景能源有限公司、阿里新能源科技有限公司等。另外还有一些企业正向着综合能源服务方向转变，包括华电富新能源股份有限公司、华润电力控股有限公司、深圳市科陆电子科技股份有限公司等。此外，深圳国际低碳城市分布式能源项目是我国批准的首个集发、配和售电为一体的项目，该项目也逐渐向综合能源服务转型。区域能源互联网的概念目前掀起了热潮，其本质是基于多能源互补的综合能源服务[124]，其发展路径分为两类：一类是新奥、协鑫和华电的产业链延伸模式：新奥基于燃气，并向燃气的发电、冷热供应方向布局[32]；协鑫在光伏、热电联产的基础上，向着天然气、智能能源方向发展；另一类是售电+综合服务模式，是一种包含节能服务或能效服务等增值业务的能源服务，与第一类相比，无需过高的产业基础[125]。

3. 国内的相关支持政策

国务院于 2015 年发布了《关于进一步深化电力体制改革的若干意见》，该文件提出鼓励专业化能源服务公司与用户合作或以“合同能源管理”模式建设分布式电源[32]。国务院于 2015 年 7 月发布的《关于积极推进“互联网+”行动的指导意见》中提出“互联网+”智慧能源行动。2016 年 2 月，国家发展改革委、国家能源局与工业和信息化部等联合印发《关于推进“互联网+”智慧能源发展的指导意见》。同年 6 月份国务院常务会议审议国家能源局提出的《关于实施“互联网+”智慧能源行动的工作情况汇报》。国家发展改革委、国家能源局在 7 月 4 日发布的《关于推进多能互补集成优化示范工程建设的实施意见》中强调了创新管理体制和商业模式。7 月 26 日，国家能源局发布了《关于组织实施“互联网+”智慧能源（能源互联网）示范项目的通知》，支持在工业园区或者开发区等推动绿色能源的灵活自主微平衡交易，开展化石能源互联网交易平台试点，开展分布式电源直供负荷试点，在试点区域内探索过网费标准和辅助服务费标准、交易监管等政策创新。2017 年 1 月 25 日，国家能源局发布《关于公布首批多能互补集成优化示范工程的通知》，第一批工程从上报申请的 261 个项目中选择了 23 个项目，包括 17 个终端一体化集成供能系统、6 个风光水火储多能互补系统。国家能源局于 2017 年 2 月 7 日发布了《微电网管理办法》（征求意见稿）。意见稿提出，充分利用城镇电网建设改造、智能电网等现有专项建设基金，大力投资微电网建设，支持地方政府和社会资本合作（PPP），以特许经营等方式开展微电网项目的建设和运营。2018 年，国家电网公司、南方电网公司等纷纷成立综合能源服务公司。2020 年 9 月，国家发展改革委、科技部、工业和信息化部、财政部联合发布《关于扩大战略性新兴产业投资 培育壮大新增长点增长极的指导意见》，大力发展综合能源。2021 年 7 月，国家发展改革委印发《关于进一步完善分时电价机制的通知》，为综合能源服务搭建了新的应用平台。2023 年，综合能源服务正式被纳入“十四五”规划。

5.2　综合能源服务商业运营模式

5.2.1　美国 Opower 能源管理公司经营模式

为了给用户制定适合其日常生活使用的节能策略，Opower 公司利用自己开发的软件深度分析了公用事业企业的能源数据以及其他各类第三方数据。Opower 公司网站上公布的信息显示，截至 2023 年底，公司已累计帮助用户节省了数亿千瓦时的电力，节省电费上亿美元，并为全球二氧化碳排放减少了一定的压力，随着用户量逐年增加，节省的能源量也逐年升高。

(1) 为用户提供能够显示用电量情况的个性化账单。Opower 公司通过分析大数据，利用云平台不断更新电力账单的功能。一方面，按制冷、采暖、基础负荷等对用户的用电情况进行分类，利用柱状图能够清晰显示当前电量信息与前期电量信息间的差异，能够充分显示用户用电情况；另一方面，能够根据相近区域内最节能的 20%用户耗能数据进行邻里能耗比较。Opower 公司的账单页面相比以往的设计更加人性化，页面上印有"笑脸"或"愁容"图标，对于节能的行为给予肯定。并且其采用纸质邮件、短消息、电子邮件、在线平台等多种沟通方式，有效增加了与用户间的互动交流。

(2) 基于大数据与云平台，提供节能方案。Opower 公司基于可扩展的 Hadoop 大数据分析平台搭建了家庭能耗数据分析平台，并采用云计算技术对用户的一系列用电信息进行统计分析，据此为不同家庭建立各自的能耗档案，并根据邻里能耗比较得出的结果，为每个用户制定不同的节能策略。邻里能耗比较基于行为科学相关理论，将电力账单融入社交中，其模式与"微信运动"相似，能够充分调动用户参与节能的积极性。

(3) 构建各方共赢的商业模式。Opower 公司的自我定位是一家"公用事业云计算软件提供商"，旨在为用户节电，其运营模式是 B2B (企业对企业) 模式。电力企业利用 Opower 公司购买软件并免费提供给用户使用。Opower 公司给客户制定符合其生活规律的节能策略，并给公用电力公司提供需求侧数据，助其及时收集用户电力消费信息，及时调整服务策略等。

5.2.2　日本东京电力公司经营模式[24]

1. 根据用户类型制定差异化的服务策略

(1) 将用户分为大客户和居民客户两种，为大客户提供优质的电价和电气设备的组合方案。

(2) 向客户提供电力、燃气、燃油组合的最优能源方案。

(3)协助客户全面解决能源问题，提供设备升级服务，实现节能目标。

(4)提供集通信、建筑物设备设计、施工、维护等于一体的一系列服务。面向居民用户，东京电力公司将其需求定位为：舒适、节能、环保、安全、经济。因此,公司制定了 IH 炊具(一种高效的用电炊具)、节能热水器等电器产品组成的“全电气化住宅”的营销策略。

2. 利用多种手段帮助用户节能

一方面为用户提供包括节能诊断、解决方案、维护设备及运营管理等节能服务。另一方面利用智能手表和通信网络与服务器相结合，建立一套智能用电系统，形成错峰用电的模式，实现用户节能。

3. 注重技术研发，提高能源效率

东京电力公司成立了专门的技术研究所对智能家居、建筑节能、电动汽车等进行研究。在智能家居方面，该公司研究将电动汽车接入智能家居控制系统，根据系统供电负荷情况以及预设方案进行充电或放电。此外，还能对家具用能进行优化调节，利用地源热泵、太阳能发电等技术，通过储能和监控设备调节室内环境温度，同时实时监测电器的用电情况及环境状态。

5.2.3 综合能源服务的主要商业模式总结

综合能源服务的基本业务模式是从供能侧和用能侧出发，通过能源输送网络、信息物理系统、综合能源管理平台以及信息和增值服务，实现能源流、信息流、价值流的交换与互动。理想的盈利模式中，除了产业链和业务链的构建之外，其主要靠以下四方面盈利。一是潜在的收益来源，包括土地增值和能源采购，该模式主要应用于园区。对于土地增值，主要体现在入驻率、开工率的不断提高以及越来越好的环境。对于能源采购，主要体现在电力、燃气以及液化天然气有了更多价格话语权，园区的用能也逐渐增多。二是核心服务，包括能源服务和套餐设计。对于能源服务，主要体现在集中售电、热、水、气等能源，节约成本。对于套餐设计，主要包含综合包、单项包、应急包和响应包。三是基础服务，即能源生产，包括发电和虚拟电厂，对于发电，清洁能源和可再生能源发电的自用电比例越高，则利润越大。对于虚拟电厂，主要是储能、节能、跨用户交易及需求侧响应。四是增值服务，包括工程服务和资产服务，对于工程服务，主要是平台化以及运营本地化，对于资产服务，主要体现在设备租赁、合同能源管理(energy performance contracting, EPC)和碳资产。未来的电力企业发展应投入更多精力在综合能源服务上，而不是仅考虑发、配、售、输电。作为一种能源托管模式，综合能源服务能够为用户带来更多的新型体验以及便利。以下为其几种商业模式[24]。

1. 配售一体化模式

在国外有许多配电网都是由私人投资和建设，如法国、德国等欧洲国家，特别是德国。大量拥有配电网资产的配售一体化售电公司随着售电市场的开放不断涌现，这类售电公司的不同之处是公司的利润来源，除了售电业务以外，还有一部分是配电网业务。除去购电成本与配电网投资及运营成本，公司将同时获得配电利润以及售电利润。若用户与公司配电网运营范围内的配售电公司签订用电合同，公司的一部分收益需作为输电费支付给输电网运营商；若用户与其他售电公司签订用电合同，则公司的收益来源于收取的配电费。因此，这两种方式都能给配售一体化公司带来收益保障，维持公司稳定运营。并且配售电一体化公司本身有配电优势，更易占据售电市场有利地位，成为保底售电公司，有利于吸引更多用户的加入并增加客户忠诚度。除此之外，配电优势还体现在售电增值服务上，如合同能源管理、需求侧响应等。与此同时，丰富的用户还可以令公司在电力辅助市场占有一席之位。但这种模式的售电公司也面临着资金以及政策等问题。在资金方面，改造配电网、聘请专业的技术人员进行维护、引进先进技术等都需要投入大量资金。例如，分布式可再生能源发电设备大多数需接入配电网，因此配电网的改造迫在眉睫，相应地需要投入大量资金。在政策方面，如输配电的定价具有一定不确定性，目前德国政府正在商讨如何确定输配电的价格，导致售配电一体化公司的获益将会受到一定影响，还有可能导致公司融资遇到阻碍[24]。

2. 供销合作社模式

采用发电与售电相结合的方式是供销合作社模式售电公司的突出特点，合作社社员拥有发电资源[24]，通过供销合作的方式将电力直接销售给其他社员，而后售电公司将获得的部分收益投入发电厂的建设中，由此形成发售双方共同获益的局面[126]。

供销合作社模式可以为售电公司争取更优质的发电资源。采用该模式方便集合分布式发电站组成一个纯绿色售电公司，售电公司将利用所得部分收益支持发电站的运行，吸引发电站运营商加入公司，相应地会降低售电公司的购电成本。目前国外涌现了大量该模式的售电公司，法国的 Enercoop 是其中最具有代表性的公司之一，该公司于 2005 年由一些绿色环保组织成立，其特点为只销售可再生能源电力。短短十年间已收获 4000 多名客户，年售电量达 120 亿 kW·h。在购电方面，售电公司承诺将过半的利润返还给可再生能源发电商支持其后续发展。截至 2023 年底已吸引了 115 家发电商加入了售电合作社。但是供销合作社模式的售电公司也有一定缺点，能否选择合适的发电站进行投资对于公司的效益有很大影响，因此对于售电公司，制定合理的投资方案以及风险预案就显得很重要。例如，德国一家地区性售电公司选择联合循环热电联产厂进行投资，然而受到市场电价持续降低的影响，该类发电厂发电成本较高，相应售电公司的购电成本较高，因此该公司并未获利[24]。

3. 综合能源服务模式

在国外一些售电公司在开展售电业务的同时，也会对该地区开展其他能源甚至公共交通、设施等服务，也就是城市综合能源公司。这类公司兼顾供电与供气服务，客户可以单独签订用电或用气合同。但相比之下，与公司同时签订供电与供气合同能够获得更大优惠，可吸引更多用户并增加用户黏性。有些地区性综合能源公司还有供热、供水、公共交通等服务，响应用户的多种服务需求。德国最大的城市综合能源服务公司位于慕尼黑，该公司的主营业务是为慕尼黑及周边地区提供供电和供气服务，其中有 7 种提供给居民的供电套餐，包括固定电价套餐、绿色电力套餐、网络电力套餐等。此外公司还提供供热、供水、公共交通以及租车服务，并推出了电动车充电服务，公司现有客户可以免费使用充电桩，若其他用户使用，会收取一定费用。公司通过捆绑套餐不断吸引客户加入并增强客户的黏性，提高公司的收益。但打造地区性综合能源服务公司不可缺少如公共交通灯等公共基础服务，这种业务往往是公益性的，几乎没有收益，会给公司带来一定的资金压力，甚至使公司面临倒闭的风险。因此，目前商场上往往是多元化的综合能源公司，会更积极推动客户灵活更换合约[24]。

4. 售电折扣模式

为提高售电量，售电商只收取较低的基本电费。不仅如此，为了吸引更多人购买，售电商采取了折扣措施[127]。初期阶段，工商业用户以及居民用户在此政策下都能够减少一定的电费支出，尤其是预交电费的用户可以获得更低的折扣。为平衡电力大规模生产和小规模销售，售电公司需同时参与电力批发和零售市场。但这两种方式的结算时间有一定差距，若处理不当，会引起流动性风险，给自身带来极大损失。为了自身长期可持续发展，在利用折扣措施获取了一定的市场份额后应采取多样化定价以及高质量服务等措施进行转型[24]。

5. 虚拟电厂包月售电模式

大范围虚拟电厂建立的基础在于拥有众多分布式可再生能源发电设备的控制权、分布式储能设备等一系列灵活性设备、可再生能源的市场化销售机制和一套精准的软件算法。基于此类虚拟电厂的电力共享池系统提供了更加新型的售电模式。在该模式下，加入电力共享池的终端用户能够便捷地互相交易电力，通过各自的分布式储能设备最大化使用分布式可再生能源的电力，减少外购电，从而降低用电成本。在德国,已经有几个此类分布式能源社区在运营。德国曼海姆的 Begy 公司的电价包月套餐是德国能源互联网应用的优秀案例。这是德国第一家推出电价包月套餐的售电公司，用户只需要每个月支付一定额度的电费就能在一个比较大的范围内自由用电。在与客户签订 Beg LIVE 套餐后，公司会帮助客户安装屋顶光伏设备、家用储能设备和电力监控设备，通过将地区内分散的用户和集中式的电力生产设备相连，利用专业建模软件以及内建的智能软件优化算法调配各家屋顶光伏设备所发电力的消费、剩余发电量的购买和各个储能设备的充放策略，最终在最经济条件下实现电力生产和消费在一定范围内的平衡。这是一种利用虚拟电厂技术的商业模式创新，用户通过包月套餐节省电费，而且用上了清洁的电力。作为售电公司，该公司并不准备通过售电服务获取利润，而是通过设备的销售取得盈利。总体来说，基于虚拟电厂的共享电力模式对设备、通信、计量、算法的要求十分高，而且必须建立在一定的用户基础上。目前电力大数据分析、机器学习算法等技术都在其中有着很好的应用。在该模式下一旦形成电力共享的闭环，新增用户将会给系统带来更多的稳定性和安全性，这种模式也有着巨大的生命力和发展空间[24]。

6. 配售一体化+综合能源服务模式

该模式是在售电侧和配电网同时放开的情况下，同时拥有配售电业务，因此能为园区内电力用户提供增值能源服务的公司将深度受益[127]。一方面，园区售电业务是用户数据的第一入口，不仅可以通过市场化的协议购电或集中竞价交易直接获得发电侧和购电侧之间的价差利润，还可以获得园区内各电力用户的电力需求数据。另一方面，充分利用用电数据，为用户提供能效监控、运维托管、抢修检修和节能改造等综合用电服务，这不仅可以有效提高用户的用电质量，还可以提高用户的好感度，并且能够从更有竞争力的服务类业务中获利。

7. 互联网售电服务模式

该模式是在多家售电公司共同参与的背景下，利用每家售电公司具有不同售电价格的特点，支持用户通过比价网站选择合适的售电公司[24]，可以有效降低交易成本，提高售电竞争力。比价网站通常与售电公司间有佣金协议，若用户在比价网上更换售电公司，则比价网能够获得一定利润，比价网面向的主要用户群为互联网用户，且服务是免费的。这种模式在英国的发展比较成熟。英国电力监管机构 Ofgem 认证授权的比价网站主要承担电力、天然气、固话、宽带、保险、贷款等业务。这些比价网站具有绝对保密性，不会以任何形式泄露用户的相关信息及数据，且只需输入所在地区邮编即可得到比较结果，操作过程非常简单，比价结果公平，能为用户提供有保障的服务。目前我国的电力市场日新月异，不断发展，涌现出了一大批售电公司，为实现比价服务提供了可能性。在该模式下，用户可对电力、天然气、热、水等各种综合服务进行比较，选择合适的综合能源服务提供商[24]。

5.3 综合能源服务管理过程

5.3.1 综合能源服务管理必要性与建设目标

1. 综合能源服务管理的必要性

第三次工业革命给能源行业带来了巨大冲击，具备可再生、分布式、互联性、开放性、智能化等特征的能源互联网将成为未来电网发展的方向。同时，随着国家电力体制改革的进一步深化与地区客户资产分布式能源的快速发展，电力公司面临一系列新的挑战与机遇。

(1) 电力安全运行的需要：近些年大量分布式电源项目层出不穷，新型能源的并网发电对电网运行电能质量、安全稳定、电网规划、经济运行等造成了冲击，急需面向客户电力运行的安全监管与协调控制手段。

(2) 商务模式创新的需要：电力体制改革逐步放开配售电业务，以电力为主、兼顾冷热气多种能源的综合服务逐步成为区域性能源运营的主流趋势，公司未来面临着由单一生产供电商向综合能源服务商转型的需求[128]。

(3) 技术模式创新的需要：城市能源互联网的发展要求充分发挥电力在能源体系中绿色低碳的优势，需要以灵活的网架结构和智能的技术手段协调冷、热、电、气等多种能量流的配送、转化、平衡与调剂，进一步推动能源生产者与终端消费者之间的能量互通和信息互动。

(4) 服务模式创新的需要：社会投资建设的综合园区、分布式能源站、热泵、储能、电动汽车充电设施等发展逐年加速，新型能源规划设计、监控管理、能效分析、运行维护等差异化、专属化的能源服务产品及服务方式需求日益突出。

2. 建设目标

紧密结合能源互联网与电力改革背景，以“技术创新、服务创新、商务创新”为出发点，面向增量的能源网络与客户资产的能源设施，建设区域综合能源服务平台，友好接纳各种清洁能源和新型多元化负荷，适应城市能源互联网发展需要，开拓配售电服务、客户资产代管代维、能效审计服务等新型业务，适应未来多种能源运营、管理、服务的电力机制变革需要。具体目标包括：

(1)保障常规电网的安全稳定运行。实现系统外能源资产的运行实时监控，为公司削峰填谷、安全调控、规划改造、辅助决策等业务开展提供基础数据与技术支持，提高了常规电网的安全稳定与经济运行能力。

(2)实现区域多种能源协调运行。依托区域太阳能、地热能等多种清洁能源，充分利用多能协调互补技术，构筑以智能电网为承载的能源互联网络，提高园区可再生能源占比与能源利用率，降低园区碳排放[129]。

(3)实现供电企业服务业务扩展。为新能源开发企业提供并网发电、设备代维、新能源规划咨询等服务，为用能客户提供用能计量、节能降耗等服务，为能源运营企业提供用能计费、设备抢修、运营代管等服务，为地区政府提供碳足迹及节能指标数据，扩宽企业营销服务范围，实现经济收益。

(4)促进供电企业商务模式转型。建立电网企业与能源供应企业、能源消费用户、能源运营业主之间的新型能源服务关系，适应国家配售电运营改革潮流，加速电力企业转型。

5.3.2　综合能源服务管理体系架构与功能

1. 整体框架

综合能源服务平台整体框架见图 5.1。

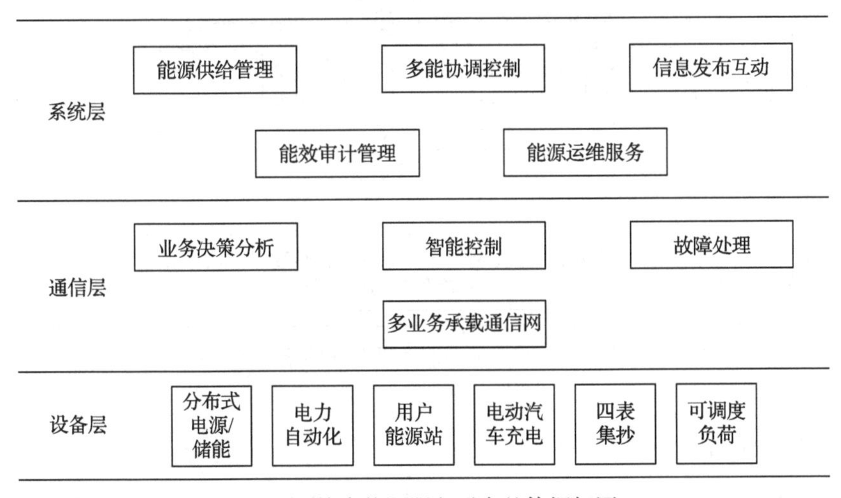

图 5.1　综合能源服务平台整体框架图

设备层通过变电自动化设备对分布式电源的即插即用、电力及用户能源站自动化设备的应用、负荷端设备的引入，实现冷、热、气、电的综合能源数据采集与监控。

通信层利用通信网，如无线公网、载波通信、光纤网络、互联网等综合手段，对多业务进行处理，根据采集到的数据，实现业务决策分析、智能控制、故障处理，与客户之间形成双向互动关系。

系统层统一建设部署综合能源运营服务平台，通过网络将设备层及通信层信息送入系统层，采用数据直接采集、客户转发、数据集成等手段实现能源供给管理、多能协调控制、信息发布互动、能效审计管理、能源运维服务等具体功能。

2. 综合能源服务平台功能架构

平台支撑体系采用国家电网统一应用平台（state grid unified application platform, SG-UAP）的整体技术架构体系进行设计；核心框架采用开放服务网关协议（open service gateway initiative, OSGi）标准规范，采用大数据处理以及云计算技术设计数据的存储和处理部分；对综合能源信息进行采集和监控后，对其进行分析，并配置四表集抄、能源分析、报表管理、能效控制、辅助决策等相关应用。综合能源服务平台功能架构见图 5.2。

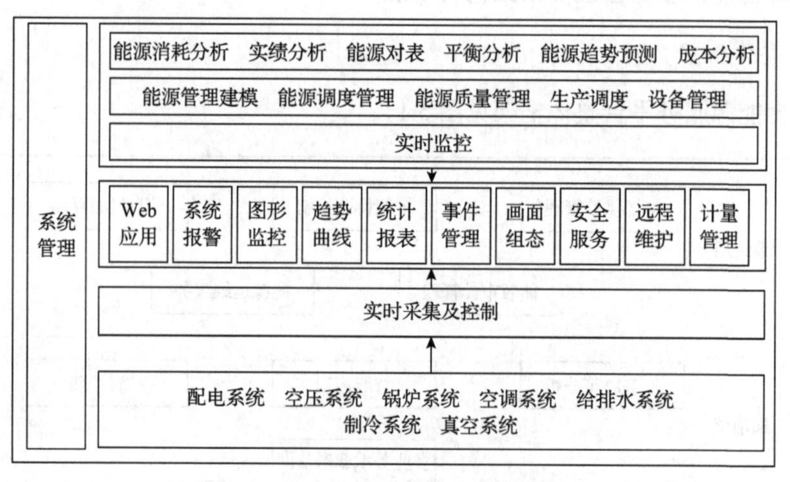

图 5.2　综合能源服务平台功能架构图

3. 硬件架构

系统采用分层分布式的物理架构，主要分为两个区域：主运行区和安全控制区。主运行区面向纯客户资产设备及系统的信息接入与分析管理，安全控制区面向增量自有资产的设备控制及公司信息交互接入。综合能源服务平台硬件架构见图 5.3。

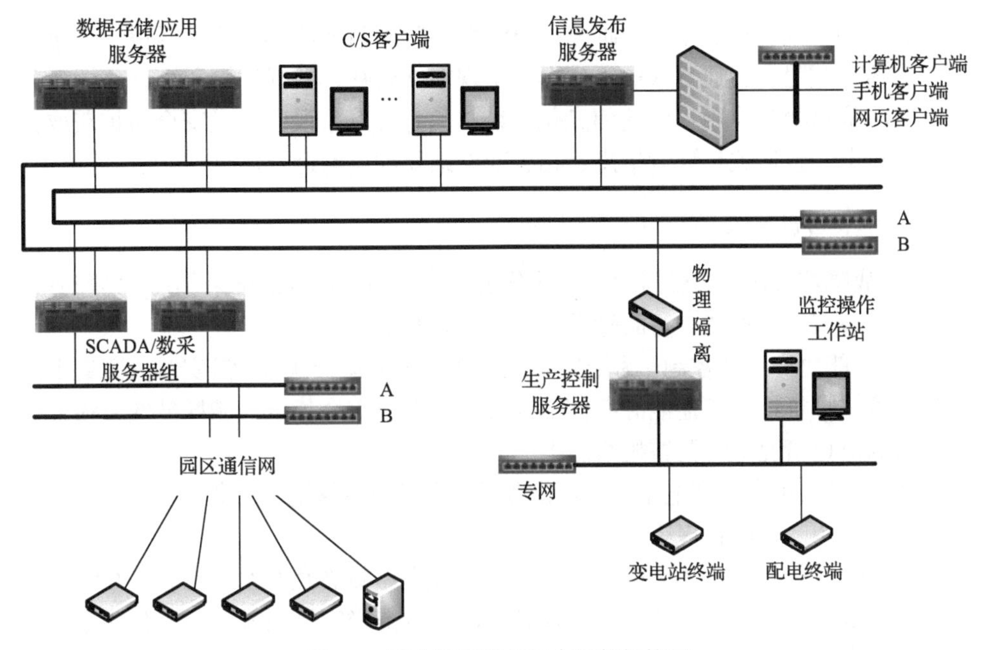

图 5.3　综合能源服务平台硬件架构图

4. 基本功能建设

(1) 支撑服务：部署综合能源服务平台基本支撑服务，包括监管数据库、存储数据、数据查询、用户警报、打印、界面管理等。

(2) 变电站监控管理：通过接入变电站综合自动化系统，分析处理主网信息，完成数据采集、处理、报警等一系列操作。

(3) 配电网监控管理：通过接入配电自动化终端，实现配电网信息的数据采集、处理、报警、操作、存储等功能。

(4) 分布式电源监控管理：通过接入分布式电源，实现配电网信息的数据采集、处理、报警、操作、并网等功能。

(5) 微电网运行管理：通过接入地区储能及分布式电源，实现对电压、频率、负荷等的进一步控制，在系统故障时，不会对系统造成过大影响，能实现区域离网孤岛运行管理。

(6) 用能计量管理：能够同时对非工空调、客户重要能耗设备、普通用能用户等进行四表集抄，统计能源消费信息。

(7) 综合能源站接入管理：通过接入地区能源站监控系统，实时监控其中三联供机组、热泵机组、蓄冷及蓄热设备、锅炉设备等的运行状况。

(8) 充电桩监管应用：将交流充电桩的运行状态、故障信号以及监测到的电压、电流的数据信息作为充电桩启停的依据，并计量其充电量。

(9)智能小区/楼宇管理：通过和智能楼宇管理与智能小区后台通信，采集自控、广播、照明、暖通、家居等数据，实现在线监视、数据存储和统计分析。

(10)信息融合应用：依托信息化系统与信息交互手段，经过安全防护获取必要内容信息，包括关口计量信息、相关变电站及配电网运行信息。

5. 扩展功能建设

(1)故障综合研判：根据网络拓扑分析与故障检测信息的结果，综合判断故障原因、设备节点，据此进行故障后的应急处理及事后抢修。

(2)多能协调经济控制：为维持系统高效稳定的运行状态，需实时监测集中能源站的冷(热)机组和其他能源存储辅助设备，并以安全稳定与能耗最低为约束条件，根据监控情况随时调整机组出力。

(3)电动汽车有序充电服务：充分考虑充电桩空置情况，提供电动汽车充电设施的充电预约、充电管理等更多交互服务。

(4)能效审计服务：根据阶梯电价、峰谷电价、设备负载水平等，从经济角度出发为能源站、新能源企业、储能及微电网、智能楼宇、用能企业、智能小区及家庭等制定合理的能源供给/存储/消费策略。

(5)智能家居互动服务：智能家居数据采集、家电控制、场景/模式管理、定时控制、数据查询、能耗分析等功能可以利用个人计算机端和手机端进行操作。

(6)智慧楼宇互动服务：包括用水量分析、用气量分析、新能源出力效果分析、单位面积和人均用电分析、蓄冷制冷空调能效分析、楼宇用电实时监测、分类用电对比、楼层用电对比和峰谷电量分析。

(7)综合可视化：可以实现区域能效实时呈现、历史查询、挖掘分析、能耗预测等功能；并且与社会公众紧密联系，综合利用多媒体、多维互动技术，实现能源供应、充电服务和信息服务等，全景监控、可视化管理技术将提高公众体验感。

(8)地图应用：充分考虑 2.5D 地图，根据 GIS 信息建立时间、空间尺度的能效模型，实现综合展示与能效地图管理。

(9)自定义节能服务：能够充分展现企业自身用能情况，根据历史数据，结合其商业模式，为其制定合理的节能方案。实时监测用户的设施使用状况以及节能措施的合理性，根据监测结果向用户发送调整策略，并对调整后的节能情况进行监控。

(10)互联网发布服务：租赁互联网信息发布域名，在互联网进行信息发布，并开发手机互联网客户端及应用程序，实现手机端的实时交互。

(11)公共服务接入：主要对电力信息、物业、安全防护、社会广告植入等方面进行统一管理，发布各种便民服务信息并提供相应服务。

5.3.3　综合能源服务的影响效应

1. 有助于打破能源子系统间的壁垒

从我国传统的能源系统类型划分来看，主要是依据能源的不同进行分类，传统能源系统由多个相对独立、联系很少的子系统所构成。在这种分类方式下，类型不同的能源行业均应用自我规划建设、制度设计、投资运营，来确保自身收益能力的最大化。这不仅严重制约了能源资源利用率的提升，难以实现各类资源的优势互补，还对实现能源需求的合理与平衡带来了不利影响。

(1) 鉴于各类能源在基本特性上明显迥异，因此生产加工、物流运输、消费应用等环节，均存在明显的技术壁垒与局限，尤其是在当前我国清洁能源与传统的化石能源之间互补协调等科技手段明显滞后的背景下，这种技术局限更加显著。

(2) 类型不同的能源行业均应用自我规划建设、制度设计、投资运营、独立发展，因此在体制上存在壁垒。

在各类能源子系统之间，明显缺乏价值互换机制与载体，因此很难实现相互之间的优势互补，从而制约了一些资源的收益能力、竞争能力，在市场视角也存在明显壁垒。而在构建综合能源系统之后，便可让上述壁垒不攻自破。即通过不断的科技创新，努力挖掘各子能源之间的可替代性与互补性潜能，积极研发能源转化、能源储存等最新技术，就可将技术壁垒打破，进而促进能源开发与利用率的最大化；同时应用管理体制创新，实现多个子能源统筹协调、集中管理。而随着应用市场模式的创新，通过制定统一、规范的市场价格标准，搭建价值转换载体平台，就可实现各能源的优势互补，进而促进能源转化效益的最大化，突破市场壁垒。

2. 有助于解决我国能源发展面临的挑战和难题

新型的综合能源系统属于一种在新科技支撑下的能源供应、合理转换与高效利用系统，整个系统通过能量的收集、存储、转化、集成等机制，就可形成一种多能源输入、合理转换、科学分配以及多能源输出一体化的能源供应体系。这样一来，就能够有效缓解覆盖区域对某个单一能源资源的过度依赖，这对于防控、管理、应对能源供应市场风险、实现能源供给安全意义重大。当前我国在寻求清洁能源发展过程中的电力消纳难题破解对策这个层面问题不少，分析其成因可谓复杂、烦琐，但主要归为以下两点。

(1) 易受清洁能源发电出能波动特点的影响，从而加大了电力系统的调峰难度。

(2) 在清洁能源市场，尤其是在电力覆盖区域市场上，综合消纳能力尚待提升。

立足从综合能源多个子系统的视角来分析，应通过系统内部的能源转换来达到梯级利用与合理转置的目的，即充分应用供需信息对不同类型的能源进行优化配置，从而让各个子系统得以灵活运行，这样上述两个主要问题就可以迎刃而解。也就是说，在清洁能源电力较为富余时，系统可充分存储或者转化，而当电力不足的用电高峰时，系统可及时调配其他的能源来填补不足，甚至可以通过系统进行能量形式的合理转换，并通过系统调节，整合其他能源子系统中的管网或负荷，从而缓解消纳难题。能源技术创新的瓶颈要尽快突破。当代社会呈现出互联、低碳、技术开放等鲜明特征，而在低碳排放等环保技术上，整个能源系统的自愈性以及智能化设计等，应本着共赢共存的理念尽量平等开放，这也是能源供给领域的未来发展趋势。尤其是在综合能源系统科学构建之后，势必加速能源管理的科技创新，技术瓶颈有望很快突破。整个系统的运行，能够有效促进产业链各单位的科技研发、深度融合，从而促进整个产业链的可持续创新发展，并强力推动涵盖广域电力互联网对接、能源路由器、储能技术、多能源融合、用户终端自动响应等最新科技的研发与应用，为整个系统实现智能控制、低碳高效运转以及平等开放打下坚实基础，进而在国家循环经济创新发展中发挥出难以替代的作用。

3. 有助于推动我国能源战略转型

伴随着经济全球化以及城市化的强力推进，我国的能源消费总量持续增长，但如果在总量上始终处在极限状态，也将对经济增长产生直接影响，可见无论是环境保护，还是能源安全的保障，均将不断推进能源战略向清洁化、多样化方向转型升级。目前，我国正处于这种能源战略转型升级的关键时期，而综合能源系统的科学构建，恰恰适应了这种转型发展需求。

1)不断向清洁低碳方向转型

综合能源系统的科学构建，使传统能源行业之间的界限被打破，进而实现了多能源类型的优势互补、相互转换，这种格局势必带来能源生产模式、供应体制以及方式的深刻变化。在强大的系统支持下，实现内部物理管网和信息系统的充分互通共享，势必带来产品生产、智能传输、存储技术、消费方式等变革，同时让各个环节的运作更加灵活，强力驱动清洁能源领域的科技创新，最大化提升能源利用率，为整个社会实现生态清洁、低碳生活带来福利。

2)不断向多样化转型

如今，能源行业的创新发展十分迅速，非常规油气、可再生能源作为供应侧的新技术，新能源汽车、分布式能源和储能等技术作为需求侧的新技术，二者均将强力推动能源格局的多样化发展，进而实现多能源的优势互补、优化配置，促进能源利用率的最大化，助力我国社会与经济的可持续创新发展[130]。

5.3.4　东莞松山湖综合能源服务示范典型案例分析[131]

松山湖综合能源项目位于东莞，是南方电网公司首批综合能源示范项目，建设并投入运行了首个以电网为主与交直流微电网耦合的综合能源站[132]。2017 年 8 月，东莞松山湖高新技术产业开发区管理委员会与东莞市供电局签署《东莞松山湖创国际一流综合能源示范区战略合作框架协议》。该协议制定了基于智能电网、分布式能源支撑、能源综合管控平台运营的电网升级发展战略，加快建设国际一流的综合能源示范区。将松山湖建设为绿色低碳发展的领先示范区。2018 年，东莞松山湖科技园用电量 20.09 亿 kW·h，最大负荷 345.300kW（2019 年 7 月 5 日），同比增长 37.3%，2020 年 7 月，同比增长 58.9%。目前，该园区入住率达 80.36%，共有 26000 多家用户。华为作为最大用户，其年用电量超过 6 亿 kW·h；其次为华为的产业链企业蓝思科技，年用电量约为 2 亿 kW·h；超 1 亿 kW·h 的用户约有 8 个。该园区的用能特点有两方面：一是部分企业用电容量大，华为和蓝思科技都为超 10 万 kV·A 容量，有 37 家用户为超 1 万 kV·A 容量；二是大用户均为生产高精密仪器的制造业企业，该类用户需要保持较高的电能质量和电网供电可靠性，线路闪断或电压波动大等现象会导致用户设备损坏，破坏生产线的正常运行。

1. 园区综合能源服务规划建设思路

基于松山湖智能电网示范区“1+*N*+1”规划建设思路，全面建设 1 张安全可靠电网、*N* 个综合能源项目、1 个能源互联共享平台。企业入驻率逐渐上升，综合能源项目不断增多，为平台吸收更多综合能源项目提供了可能，最终形成整个园区用户的全覆盖。

2. 能源互联网共享平台功能及进展

东莞能源互联共享平台基于“云大物移智”技术，是以松山湖高新产业园区为试点的智网慧能信息共享平台，电网、政府、供能企业、竞争性企业等都是其重要客户，该平台能对用户侧、分布式资源进行监测，支持横向延伸竞争性业务，实现了协同优化以及设施运维一体化功能，给客户提供优质服务。其主要功能包括能源运营管理、能源协同与优化、能源模型建模、能源能量管理、能源设施运维服务和能源客户服务六大业务模块。平台目前已接入了光伏系统 6 个、储能系统 6 个、充电站 2 个（桩 20 台）、柔性负荷 3 个以及由以上元素任意组合形成的微网 2 个、智能配电房 1 个，同时具备能源路由器、冷热电三联供机组的管理能力，实现了用能侧主要元素的全覆盖。松山湖智能电网示范区“1+*N*+1”规划非常具有代表性，在开展综合能源服务业务时，各企业可借鉴其建设思路，建设 1 个综合能源服务管控平台，开展 N 个综合能源服务项目，实行“1+N”发展模式，逐步拓展业务能力。松山湖项目是区域综合能源服务领域中的代表项目，其策略为在前期运营时主要利用自营项目接入平台并收集大量用能信息，后期利用为客户免费诊断等方式吸引更多用户入驻，逐步实现区域综合能源的协调运行。

5.3.5 行业发展趋势及可能的挑战与前景

综合能源服务市场潜力巨大[133]。根据国家电网公司研究报告，2020～2025年，我国综合能源服务业水平将大幅提高，市场潜力将从 0.5 万亿～0.6 万亿元增长到 0.8 万亿～1.2 万亿元；2035 年步入成熟期，市场潜力将在 1.3 万亿～1.8 万亿元。对综合能源服务业务进行合理布局，抢滩新业务蓝海，是面对万亿级市场时需要着重考虑的，尤其要关注其未来的发展趋势和挑战。

1. 发展面临的挑战

1) 电网企业面临挑战

新一轮的电力体制改革打破了以往的电力市场格局，放开了配售电业务、公益性和调节性以外的发用电计划以及输配电以外的竞争性环节电价。新电改前的电网企业，输配售电环节都由其自己承担，由发电企业向电网企业售电，再转售给用户[134]。对于新电改后的电网企业，其输配电与售电不再融为一体，引入了大量社会资本，电网企业面临新的盈利模式，也面临新的经营挑战[135]。

综合能源服务涵盖的业务领域非常广泛，所涉及的最基本的天然气发电以及分布式能源发电，需要接入大电网，新能源自发自用的现象也会使电网相关企业面临挑战[136]。

2) 多能综合型人才的缺乏

综合能源服务业务种类多，方向繁杂，可能是集成供电、供气、供暖、供冷、供热、供氢、电气化交通等能源系统，涵盖天然气分布式、光伏分布式、储能等技术，从而直接导致在后期的综合运维上有一定难度。系统中的每一部分都需要相应专业的运维人员进行维护，因此如何培养一批综合性运维人才成为当前亟须解决的问题[131]。

3) 分布式能源降补贴等给综合能源服务带来挑战

由于分布式发电市场化交易政策试点尚未真正落地，光伏补贴力度也在逐年降低，综合能源服务企业项目收益率已大幅缩水。无论分布式发电交易能否突破政策壁垒，综合能源服务企业都面临较大挑战，最初利用光伏项目的收益来带动其他设施建设的设想也较难实现。如果没有国家的一些激励政策或者资金扶持，综合能源服务项目将很难完成。

4) 各个行业之间的壁垒仍广泛存在，较难达成“跨界”合作

面对我国综合能源服务的现状，首先需对曾经的供能系统单独运行的模式进行改革，包括供电、供气、供冷、供热等各种能源供应系统。但由于目前各类能源子系统之间在规划、建设、运行和管理层面仍相互独立，存在体制壁垒。尤其是企业在开展供电、热、气、热水等多种业务时，设计规划、设施建设以及获取资质许可等方面都需要与多个政府部门进行沟通，成本极高。这不利于给用户提供多样化的能源，其经济性不高[137]。其次，企业间的相互合作也存在一定的问题，由于存在一些利益博弈，以何种方式合作、如何进行利益分成都较难达成一致。

2. 发展前景与趋势

我国综合能源的发展主要围绕政策环境、技术支撑、市场需求展开，据此进行分析。我国综合能源服务市场需求巨大且发展前景广阔，发展将呈上升趋势[13]。

1) 政策环境

我国能源发展已进入从总量扩张向提质增效转变的全新阶段。我国在能源改革新时代的能源发展战略目标是建立现代能源经济体系。因此，现代服务型能源经济的发展就显得尤为重要。面向能源战略、规划、标准、财政、价格、税收、投融资等，我国发布了多项政策支持综合能源服务的发展，为能源领域的体制改革提供坚实的基础。在能源发展战略层面，《能源生产和消费革命战略（2016—2030）》对我国现代能源经济体系建设、能源向绿色转型和高质量发展起指导作用，明确规划了我国能源生产和革命未来十年的发展方向及战略，并提出走绿色低碳的道路，推动集中和分布式能源的共同发展，提高新能源和可再生能源的占比。在能源消费方面，大力推进农村电力发展，提高城乡电气化水平，优先使用可再生能源电力，使用清洁能源替代终端用能，加快城镇电气化建设。《“十四五”现代能源体系规划》指出，要加快现代能源体系建设，推进能源生产消费方式绿色低碳变革，重点建设多能互补的清洁能源基地，提升终端用能低碳化、电气化水平。

在能源财务政策方面，我国出台了一系列扶持政策推进综合能源服务的发展，从财政、税收、价格、投融资等方面采取了设立节能减排补助资金和可再生能源发展专项资金，并对合同能源管理项目给予税收优惠，以及调整峰谷电价、阶梯电价、差别电价、环保电价、北方地区清洁供暖价格等能源价格，发布绿色信贷指引，在能源领域推广 PPP 模式等措施。

在能源领域体制机制改革方面，石油天然气管道的建设和运营服务对资本社会开放的速度逐渐加快，改革油气的进程也在不断加快；标志着新一轮电力体制改革已经有了显著成效，改革的脚步还在继续，加快开放售电侧、增加配电试点、将分布式能源纳入电力市场等一系列措施，有效提高了市场化售电服务主体、增

量配电网建设运营服务、分布式能源开发利用服务的需求。

我国能源“四个革命、一个合作”正在蓬勃发展中，未来综合能源服务将有广阔的发展前景，未来面对的政策环境也将更有利于综合能源服务的进一步发展。

2）技术支撑

在能源领域方面，我国先后出台了《能源技术革命创新行动计划（2016—2030年）》《“十三五”国家战略性新兴产业发展规划》《“十四五”现代能源体系规划》等重大政策措施。紧跟全球科技革命和产业转型趋势，将能源科技创新置于突出位置，构建集重大技术研究、重大技术装备、重大示范工程及技术创新平台于一体的能源科技创新体系，大力推进新能源及新能源汽车的发展，着重关注节能问题，同时加快信息技术的更新迭代[33]。

我国能源技术创新在国家政策的支持以及资本的介入下有了日新月异的发展，科技成果层出不穷。“云大物移智”作为先进信息技术的代表深度渗入能源技术中，取得了巨大进展，极大推动了能源产业的革新，为综合能源服务的进一步提高打下坚实的基础。

在能源技术方面，我国的光伏技术和风力发电技术逐渐趋于成熟，发展前景十分广阔。目前，研究电能、冷能、热能和氢气等各类能源储存问题处于蒸蒸日上的状态，可靠性、储能容量密度和成本、设备寿命等技术经济指标不断改善，渐渐向商业化或示范应用靠拢。除此之外，电动汽车的快速充电、慢速充电、无线充电等充电技术的发展日新月异，有望实现单次充电续航里程达到常规燃油车的里程数。有这些技术作为基础，分布式能源开发利用服务、综合储能服务和电动汽车充电服务将有巨大的发展潜力。

在先进信息技术方面，云计算技术、大数据技术、物联网技术、移动互联网技术、人工智能技术等发展迅猛，并逐步投入我国能源领域中，为综合智慧能源服务带来广阔的发展前景，其中主要包括智慧能源输配服务、智慧用能服务、能源智慧生产服务、能源智慧交易服务、能源智慧金融服务等。

3）市场需求

我国综合能源服务市场分布范围广，需求大，发展前景广阔。以下为八类综合能源服务细分市场需求分析结果。

（1）综合能源输配服务市场。综合能源输配服务市场主要包含输配电网、微电网、区域集中供热/供冷网、油气管网等的投资、建设和运营等方面，并且能够满足客户对能源输配的基础需求。2019 年和 2020 年，每年对电网、天然气管网、供热管网等综合能源管网的投资需求达千亿级，增量配电网、微网建设、热力管网建设和新一轮农网改造等将为输配服务带来新的活力。预计之后每年电网建设、天然气管网建设、热力管网建设的投资需求将长期保持较高水平。

（2）电力市场化交易服务市场。自 2014 年新一轮电力改革启动，电力体制改革在中央和政府的支持下不断推进，有序放开发用电计划，随着电能市场化交易的不断成熟，交易电量增长迅猛，市场主体向多元化发展。国家发展改革委、国家能源局先后发布的《关于积极推进电力市场化交易 进一步完善交易机制的通知》，以及《加快建设全国统一电力市场体系的指导意见》中指出要扩大市场化电力交易规模，吸引各类发电企业参与市场，允许符合条件的用户进入市场。全国售电市场在国家政策的大力支持下蓬勃发展。相关机构预测全国电力市场化交易规模有望在未来进一步扩大。

(3) 分布式能源开发与供应服务市场。目前，各电力企业、燃气企业等均积极开展综合能源服务、开发供应服务，逐渐摸索，朝综合能源产业上游扩展。近年来，每年分布式能源开发利用的投资需求已达百亿元级别，而每年煤层气发电及余热/余压/余气发电的投资需求在十亿元级，相对较少。

(4) 综合能源系统建设与运营服务市场。综合能源系统集合区域内的电能、冷能、热能、天然气能和新能源等多种能源，利用先进的物理信息技术和创新管理模式对多异质能源子系统进行管理以及协调优化，最大化利用能源系统，实现用户对多种能源的需求，加快建设能源可持续发展的新型一体化能源系统。综合能源系统是在满足系统需求的前提下，协调各能源子系统的运行优化。具体体现为终端一体化集成供能系统，如风光水火储多能互补系统、“互联网+”智慧能源系统、微电网的综合能源系统、增量配电网的综合能源系统等。我国综合能源系统建设与发展正处于探索和起步阶段，逐渐完善健全各项政策法规，不断深化电力市场化的改革，随着“云大物移智”等关键技术的发展与应用，未来市场需求有望提升很大，并成为综合能源服务业务发展的风向标。

(5) 节能服务市场。相比其他综合能源市场，我国的节能服务市场居于突出位置，发展势头迅猛。我国对生态文明的发展尤为看重，因此节能工作成为目前亟待解决的问题。对此，我国提出了多项解决措施：制定和实施节能策略；加大力度推进节能行动；推动节能技术的创新发展；加强节能国际合作等。这为我国节能服务业务的开展提供了良好的政策支持。

(6) 环保用能服务市场。我国部分地区面临严重的环境问题，大气治理问题迫在眉睫，我国持续加强能源清洁替代能力，颁布并实施了多项能源清洁替代政策。

(7) 综合储能服务市场。储能是目前我国能源系统的关注重点，有利于提升其安全可靠性、经济性等，因此我国出台了多项政策推进储能的发展。储能技术包括抽水蓄能、压缩空气储能、化学储能等。其中抽水蓄能的发展最为迅猛，已经开始投入规模化使用。其他储能技术还在稳步推进中，发展前景十分广阔。目前技术的更新一日千里，储能效率和成本的问题逐渐有所改善。2017 年我国电力储能累计装机规模约为 2900 万 kW，但占全国电力装机总容量的比例仅仅不到 2%[138]。有关机构的研究表明，比例应达到 5%左右才能实现电力系统的安全稳定运行，这表明我国电力储能仍需大力发展[139]。目前，我国开工建设的抽水蓄能项目有数十个，2023 年抽水蓄能累计装机容量达到 4.18 亿 kW。同时，电化学储能建设呈加快趋势，年建设规模有可能达到百万千瓦级。未来，电力储能年投资需求规模估计为数百亿元。

(8)综合智慧能源服务。智慧能源服务是目前综合能源服务业务发展的最新方向。Gartner 公司于 2018 年发布的新兴技术成熟度曲线，从 2000 多种技术中提炼出 35 项值得关注的代表性技术，包括 AI PaaS、强人工智能、物联网平台、区块链、5G、量子计算等。智慧能源服务市场需求主要包括能源生产消费智能化设施建设和运维服务、智慧节能服务、智慧用能服务、能源市场智能化交易服务等。

第6章　电-气互联综合能源系统优化运行的模型与算法

当下正是能源转型的关键时期，能源更迭技术被越来越多的大众所关注。能源网络系统的广泛性更是延伸到多种能源的消费和整合当中，为了有效改善传统能源系统的局部性，应大力发展数字化智能化电网，在提高 ICT 基础设施弹性的同时发掘能量管理的潜力。如今传统电网系统正在全面向分布式能源系统转型，突破传统系统所带来的桎梏，集中并网实现综合能源发电技术的全面崛起，未来能源生产、传输和消费三者环环相扣，“集中式”与“分布式”更是需要联合共治，共建、共架构新二元网络。在当前关键的能源转型时期，综合能源由于其相关环节的重要性而备受瞩目，新型能源系统在技术方面的支持更是毋庸置疑。以电力为主多种新能源为辅，多种能源混合的转换系统更应具备高效、稳定等特点，多能互补的冗余性也需要在能源系统中得到响应，各界学者应对新型系统继续深度研究，实现综合能源发电技术的全方面发展[138]。

综合能源系统的全面升级也逐步将能源实践领域拓展到全球各地，各个国家跨国、跨区域的发展也为未来深入研究提供了广阔的前景。丹麦科技大学和 ABB 公司推动的 Energy Lab Nordhavn 对哥本哈根的电气基建设施技术进行深入研究；而英国为节能减排的有效发展，也提出了优化基建仿真模型；同时欧洲国家也对离岸能源系统进行了深度研究，尤其在海上风电与新能源并网方面取得了众多成果；我国也对多能互补与能源供应需求方面提出了诸多政策。从综合能源系统中多能流管理的角度而言，随着电能替代、以气代煤的终端能源消费概念兴起，能源清洁化和高效化的供应成为我国现阶段重要的战略推广选择。

近年来，天然气的安全、清洁和热值高等气态特性赋能其更强的公用事业能源特性，而基于天然气所衍生的技术创新亦对当下以电能为主的能源供给构成冲击。大规模、间歇性可再生能源，如光伏发电、风力发电等并网对电力系统的安全运行及灵活性造成一定影响，基于时间贯序的价格引导机制对供电可靠性亦有重要作用。同时为满足延后的能源负荷需求，电能的即时消费特性使得储能环节成为消缺能源系统时空不平衡的额外投资。而天然气的惯性较慢及响应特性较长的流体特征，使其成为能源互联网多能互补应用格局下不可或缺的输配载体。电与气的耦合关联对多能源系统的构建具有关键意义，在未来能源集成网络中不可或缺。

基于电-气互联网络的研究方兴未艾，天然气所承担的储备、互济、补燃及消费等功能使其成为综合能源系统中的重要能量载体。英国 Supergen 及 HubNet 项目关注电气热交互融合网络空间研究，为国家能源转型提供决策支持；欧盟 H2020 MAGNITUDE 项目旨在通过加强电力、供暖/冷和燃气系统之间的协同作用，开发业务和市场机制，并支持协调工具，为欧洲各国的能源系统提供全方面保障；爱丁堡大学主持的 ARIES 项目——能源系统适应性和弹性研究，通过新的建模手段去评估气候对天然气和电力负荷的影响，以及新的能源供给平衡下如何打造能源系统的适应性。电-气互联网络将是未来综合能源系统的重要发展形态。

在当前的能源系统中，已经将电网和天然气网耦合在一起，或者将热电联产系统多能互补联合在一起，一般情况下电力网中的能量流动只有一个方向，通常是由天然气传递给电力网。随着电转气（power to gas，P2G）装置技术的兴起，电-气互联网络将呈现两种能流的双向流动。但目前电转气技术在全球的落地实践项目中，大多数为试验性或示范性项目，其并网项目或者在规模化的电-气互联网络中的应用少之又少。随着间歇性的新能源并网规模增大，以及电力系统经济性的提升，P2G 的重要性愈发突出，其可实现电网的移峰填谷、天然气网络对电网的能流互济以及新能源并网等优势。因此，P2G 技术将在未来的电-气互联网络中有着重要应用前景。

对于耦合程度日趋紧密的电-气互联网络，目前电力和天然气系统的能流管理及经济调度机构是相对分离的，同时两个管制主体的信息交互及机制亦不够完善。电-气能流双向流动的优化调配必然会受到这样的客观条件制约。基于相对分离物理设施及调度机制，进行两个网络之间的能流管理及调度的研究非常重要。电-气互联网络之间的协同优化，将是其潮流优化研究的重要方向。

P2X 是近年来出现的新概念，各方对其所包含的技术范围仍存在不同认识。一般而言，P2X 包括电转热、电转冷、电转气（制氢或甲烷）、电转液体燃料、电转化工产品等。在广义的 P2X 概念中，还包括电转电（电能转换为氢能等能量形式后再转换为电能）、电转动力等。

除电转热、电转冷外，其他形式的 P2X 技术均以电制氢为基础。电解水制氢后，氢气可与二氧化碳发生化学反应生成甲烷，实现电转甲烷；氢气也可与二氧化碳反应生成甲醇，实现电转液体燃料；氢气还可与氮气反应合成氨，实现电转化工产品；氢气储存后适时以燃料电池等载体重新转化为电能，实现电转电；此外，氢气或氢的衍生产品可作为动力的来源，间接实现电转动力。P2X 技术路线见图 6.1。

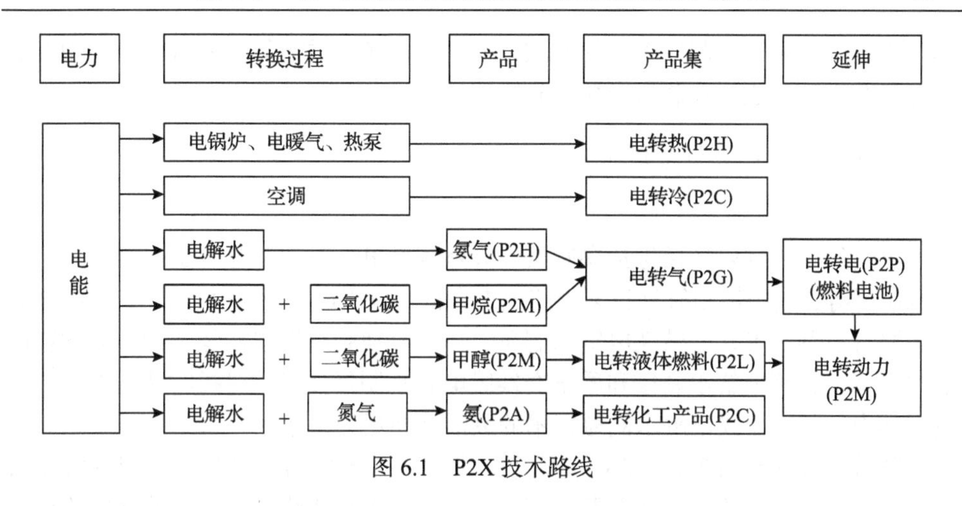

图 6.1　P2X 技术路线

1. 电转热、电转冷技术

1) 热泵

热泵从自然界中获取低品位热能，经电力做功转化为高品位热能，主要包括空气源热泵、水源热泵和地源热泵。热泵能效水平高，COP(制热能效比)值可达到 2.5～6.5，且可兼顾夏季供冷、冬季供热需求，具有较高的经济性。热泵已成为欧美国家重要的供暖方式。为满足清洁供暖要求，热泵成为各研究者的关注对象。推广各类热泵时需考虑自然资源情况：空气源热泵适合室外最低温度高于–15℃的区域，水源热泵适合靠近江河湖海或污水处理厂的区域，地源热泵适合冬季供暖与夏季制冷基本平衡的区域。总体来看，热泵是经济性较高的电转热技术，在资源条件适宜地区有一定的商业推广价值。

2) 电阻式电采暖

这种技术利用电阻发热原理直接将电能转化为热能，包括电锅炉、电取暖设备等。其 COP 值不超过 1，效率低于热泵。按照正常电价水平计算，该类电采暖技术经济性较差，通常需依靠财政补贴。加装蓄热模块可充分利用夜间低谷电转热，节省采暖电费支出，且通过削峰填谷可降低电网扩容建设成本，有助于提升经济性，但与热泵等技术相比仍不具竞争力。

3) 空调

空调是电转冷的主要技术形式，在我国已实现大规模应用。从能量转换角度，电蓄冷空调更具发展价值，其核心设备是双工况冷水主机，能够在低电价时段制冷并储冷、在高电价时段释放存储的冷量。此外，空调加装智能控制模块是大势所趋，既有助于提升用户体验，又能支撑电力系统对空调的优化调控，实现智能化、自动化需求响应。

总体来看，电转热、电转冷技术已进入规模化推广应用阶段，但目前通常仅作为满足用户采暖、制冷需求的方式，而打通能源品类边界、实现以电为中心的多能互补优化系统的效益尚未被充分挖掘。

2. 电制氢及相关衍生技术

1) 电制氢

氢气的主要制取途径包括煤制氢、天然气制氢、石油制氢、工业副产氢、电解水制氢等，其中煤制氢是我国当前成本最低、应用最广泛的技术[139]。电解水制氢主要有三种技术，即碱性电解水制氢、质子交换膜电解水制氢和固态氧化物电解水制氢，碱性电解水制氢和质子交换膜电解水制氢技术均可接收波动性电源供电，其中质子交换膜电解水制氢技术的灵活性能更为出色。

随着欧洲提出 P2G、P2X 等概念，电制氢技术成为前沿热点，但受限于成本，离大规模商用仍有一定差距。要使电制氢成本低于煤制氢，需确保电价低于 0.1 元/(kW·h)，此时电制氢成为具有经济竞争力的制氢技术；要使电制氢成本低于加装碳捕捉(carbon capture and storage, CCS)的煤制氢技术，需确保电价低于 0.25 元/(kW·h)，此时以清洁电力为输入的电制氢将成为最经济的清洁氢能制取方式。但当前我国各省煤电标杆上网电价均高于 0.25 元/(kW·h)，即风电和光伏发电实现平价上网后仍无法保证电制氢的经济优势。为提升其经济竞争力，一是可结合富余的清洁能源发电，利用弃风、弃光、弃水电量制氢；二是加快技术研发，推进电解器成本下降、电解水制氢效率提升；三是从中长期来看新能源发电成本具有持续下降空间。

2) 电制甲烷

由于氢气的储运存在技术和基础设施方面的障碍，可在制氢后继续与二氧化碳反应制取甲烷。甲烷能够直接注入天然气管道和储气装置，不像氢气注入天然气管道存在最大体积占比上限(通常仅为 10%～20%)，因而能够实现能量的远距离传输和大规模存储。目前电制甲烷的效率为 50%～60%，低于电制氢。电转气合成甲烷的成本是常规天然气的 2～4 倍，经济性较差，故同电制氢一样适宜与富余清洁电力结合发展，作为天然气的补充来源。氢气与甲烷技术指标对比见表 6.1。

表 6.1　氢气与甲烷技术指标对比

指标	氢气	甲烷
制取反应方程	$2H_2O \longrightarrow 2H_2+O_2$	$2H_2O \longrightarrow 2H_2+O_2$
		$CO_2+4H_2 \longrightarrow CH_4+2H_2O$
制取效率	60%～75%	50%～60%
能量密度	143MJ/kg	55MJ/kg
	13MJ/kg	39MJ/kg

续表

指标	氢气	甲烷
已建成管道长度	400km	77000km
单位长度管道总价	200 万～600 万元/km	100 万～350 万元/km
低温液化储存	–252℃，液化耗能高	–162℃，液化耗能低
安全性	较低	较高

3) 其他电制氢衍生技术

在电制氢转电方面，电制氢后以燃料电池形式发电，是储存时间最长、能量密度最大的储能技术，可作为重要的储能形式，但成本较高，适用于大规模跨季节存储与平衡、分布式能源供应等场景。在电转氢转动力方面，燃料电池汽车的经济性难以超过锂电池汽车，在乘用车领域发展潜力有限；但燃料电池能量密度大、续航里程长、加氢速度快，在公路货运、轨道交通、航运、航空等领域存在一定竞争优势，未来有望作为终端能源消费清洁化转型的重要选择。总体来看，其他电制氢衍生技术经济性有限，但基于氢能高能量密度的特性，在特定场景下具有一定市场潜力。

总体来看，电制氢及相关衍生技术增加了能源转换环节，导致其效率和经济性有限，但考虑到电制氢技术的清洁性和系统调节价值，仍有必要加大研发示范力度。

6.1　电-气互联综合能源系统建模及仿真

传统电-气互联综合能源系统建立模型时需要注意能源网络和耦合元件装置，当下互联网潮流中要将这两方面良好地耦合在一起。系统内部的燃气轮机、电转气装置和各种发电设备的运行成本和维修成本可以暂不考虑，整个系统以外购置能源费用最少为优化目标，对整个模型进行优化分析。本节针对互联网系统各元件模型、系统模型及联合潮流计算进行详细介绍。

6.1.1　电-气互联综合能源系统建模

电-气互联综合能源系统模型由电网和天然气管网组成。电网中约束条件包括有功出力和无功出力，天然气网中约束条件包括水力方面和流体方面，而模型的建立不但包括水力模型、流体模型，还包括管道压力模型、节点和环能量模型，整体模型的构建可参照欧姆定律、基尔霍夫定律。电力/天然气网络建模对比见表 6.2。

表 6.2　电力/天然气网络建模对比

能流载体	节点变量	支路变量	能流定律对比
电力能流	电压	电流	基尔霍夫电压定律
			基尔霍夫电压定律
			欧姆定律
天然气能流	管道压力	管道流量	管道压力降公式
			节点流量方程
			环能量方程

1. 电网建模

传统电网模型的建立与综合能源系统中的模型相同，都是基于回路电流方程和节点电压方程列写的。其节点的有功功率 P_i 和无功功率 Q_i 可以表示为

$$P_i = V_i \sum_{j=1}^{n} V_j (G_{ij} \cos\delta_{ij} + B_{ij} \sin\delta_{ij}) \tag{6.1}$$

$$Q_i = V_i \sum_{j=1}^{n} V_j (G_{ij} \sin\delta_{ij} - B_{ij} \cos\delta_{ij}) \tag{6.2}$$

式中，V_i 和 V_j 分别为 i 和 j 的节点电压；δ_{ij} 为两节点之间的相角差；G_{ij} 和 B_{ij} 分别为 i、j 节点之间线路的电导和电纳。

需要求解包含有功出力和无功出力的模型，非线性方程增加了求解的复杂度，线性化则可以降低综合能源系统的求解难度。对于双层优化系统的求解和简单优化是针对直流潮流模型的[139]。

对于不考虑无功功率和直流电压的模型，都在电网建模中统一应用直流潮流模型：

$$P_{ij} = \frac{\theta_i - \theta_j}{X_{ij}} \tag{6.3}$$

式中，θ_i 和 θ_j 分别为 i 点和 j 点的相角；X_{ij} 为 i 点和 j 点之间线路的阻抗；P_{ij} 为从 i 点流向 j 点线路的功率。

2. 天然气网络建模

天然气网络主要由长距离输气网络和城镇燃气管网组成。由于天然气是从气田中获取的，也有从外部设备中获得的，从源头远距离输送到工业区或者城市的

天然气转换站，再将天然气进行加工和调压后输送给需求端对其进行供能，从系统整体来看，天然气网与电力网关联度很高，是密不可分的[138]。

综合能源系统天然气管网潮流的求解关注管道压力和节点流量两类变量。由于天然气是可压缩流体，网络不同局部的工况决定了天然气为不稳定流，导致管道压力和流量发生变化。而决定天然气流动的参数有压力、密度和流速，这三者都是管道距离和时间的函数[139]。天然气特性一般可用运动方程、连续性方程和状态方程描述，作为一般性公式描述天然气稳态和动暂态的流动，计算管道任一断面和任一时刻的气流参数。天然气的运动方程、连续性方程和状态方程为

$$\frac{\partial(\rho W)}{\partial \tau}+\frac{\partial(\rho W^2)}{\partial x}+\frac{\partial(p)}{\partial x}+g\rho\sin\alpha+\frac{\mu}{d}\frac{W^2}{2}\rho=0 \tag{6.4}$$

$$\frac{\partial \rho}{\partial \tau}+\frac{\partial(\rho W)}{\partial x}=0 \tag{6.5}$$

$$p=Z\rho RT \tag{6.6}$$

式中，ρ 为气体密度；W 为流速；p 为压力；τ 和 x 分别为时间和管道距离；g 和 α 分别为重力加速度和管道对水平面的倾斜角；μ 和 d 分别为管道摩擦系数和内径；Z、R 和 T 分别为压缩因子、摩尔气体常量和绝对温度。

式(6.4)中第四项描述了气体重力在管道轴向上的分力冲量(公式为简化消去后的表达)，第五项描述了管道摩擦力冲量(公式为简化消去后的表达)。需要注意的是，式(6.4)～式(6.6)为一组非线性偏微分方程组，解析解求解困难。实际计算当中不考虑一些弱相关项对计算结果也无大的影响，最后结果可以应用简化方程计算。处于稳态情况下的天然气，其参数特性是不随时间变化的，这可以减少参数方程的计算量，但这种情况也有缺点，其计算方法很复杂，一般情况下天然气网为环状，所以可以通过管道压力、节点流量和环能量方程来求解计算。天然气管网模型为[139]

$$f_{ij}=M_{ij}d_{ij}\sqrt{d_{ij}(\pi_i^2-\pi_j^2)} \tag{6.7}$$

$$\sum_{j=1}^{n}a_{ij}f_{ij}+F_i=0 \tag{6.8}$$

$$\sum_{j=1}^{n}b_{ij}M_j f_j=0 \tag{6.9}$$

式中，M_{ij} 为管道阻力系数；d_{ij} 为表征管道内天然气的流动方向；f_{ij} 为同一管道中

的流量；π_i为管网节点 i 的节点气压；π_j为管网节点 j 的节点气压；a_{ij}为节点支路关联元素，代表管道支路 j 和节点 i 是否关联；F_i为节点 i 中注入的外部流量；b_{ij}为环路关联元素，代表管道支路 j 是否在第 i 个环路中；M_j为管道支路 j 的阻力系数；f_j为管道中 j 节点的流量。

式(6.7)～式(6.9)三个方程皆为非线性方程，一般可以通过节点法、环能法及管段法三种方法进行求解[139]。其中节点法是利用管道本身流求解压降的方法，可以联立环能量方程与节点压力方程求解节点电压。可以采用环能法求解出环能量和管段流量，而管段流量为变量，求解时需联立节点流量方程和环能量方程。节点法可通过有限元法和牛顿-拉弗森法得出参数结果。在实际计算中节点法和环能法的编写过程相对较易，而管段法相对困难。从计算方面来看，环能法和节点法的精度低于管段法，所以通常采用节点法和环能法，针对求解要求高的方程选用管段法。

也有许多参考资料中提出采用调压方法接入压缩机，压缩调压装置需要满足压力运行要求，而压缩机类型可分为电驱动和燃气驱动，压缩机是否作为综合能源系统的耦合交互元件是由压缩机的驱动方式决定的，同时该驱动方式也对管道网的建模有些影响。节点流量方程中，压缩机的接入与否影响关联支路的变化，即增加或减少代表压缩机支路的元素，节点流量的建立也需要考虑压缩机的耗气量和高压气量[139]。

3. 燃气轮机建模

燃气轮机是电力与天然气间关键的转换设备，该装置本身的发电转换率可达30%～40%，发电产热转换率可达到50%～60%，其本身也具有灵活启停、快速爬坡和能量梯度等特点[139]。综合能源系统的电-气互联网络中燃气轮机的模型为

$$f_{\mathrm{t}} = \alpha + \beta P_{\mathrm{t}} + \nu P_{\mathrm{t}}^2 \tag{6.10}$$

式中，P_{t}和 f_{t}分别为燃气轮机输出功率及其消耗的燃气流量；α、β、ν为燃气轮机的能耗系数。

式(6.10)表征出电力网与天然气网之间的耦合关系，其中也包括黑箱模型，燃气轮机建模可应用系统辨识算法，这样会使系统建模的复杂度降低。

4. P2G 装置建模

根据电解水生成氢气的原理，将电能输入 P2G 装置中产生氢气制成甲烷。当前氢气、天然气都被大力推广，随着技术的成熟，储能系统在电-气互联网络中应用广泛，P2G 装置也在其中越来越关键。与传统电-气系统相比，P2G 装置拥有电

能转化电气的巨大优势，其反应式为

$$2H_2O \longrightarrow 2H_2 + O_2 \tag{6.11}$$

$$CO_2 + 4H_2 \longrightarrow CH_4 + 2H_2O \tag{6.12}$$

P2G 装置的运行原理见图 6.2。电能可由新能源、传统能源、燃气轮机等输入，装置转换效率为 50%左右。当前 P2G 装置的应用很广泛，P2G 装置中的电解槽输出的氢气是由其自身结构、电极和膜的材质所决定的，转化效率可达到 70%～90%，转换过程中受到温度的影响，其变化在±20%左右，电解槽的类型包含碱性电解槽、聚合物薄膜电解槽和固体氧化物电解槽。在整体 P2G 装置中，还会有传统燃气轮机发电环节，该过程会使得电转气效率下降到 30%～40%[139]。

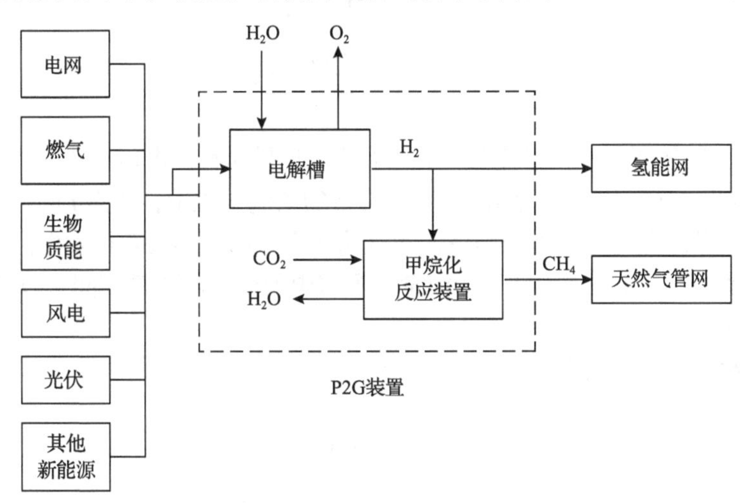

图 6.2　P2G 装置运行原理图

以电功率-能量形式的转换效率模型作为 P2G 装置的数学模型表达，为

$$E_{\mathrm{P2G}} = P_{\mathrm{P2G}} t \eta_{\mathrm{P2G}} \gamma_{\mathrm{E}} \tag{6.13}$$

$$f_{\mathrm{P2G}} = \frac{E_{\mathrm{P2G}}}{H_{\mathrm{G}}} \tag{6.14}$$

式中，P_{P2G} 为 P2G 装置消耗的电功率；t 为设备的运行时间；η_{P2G} 为 P2G 装置的转换效率；γ_{E} 为电能和热量的转换系数；E_{P2G}、f_{P2G}、H_{G} 分别为 P2G 装置的输出能值、天然气热值以及 P2G 装置输出的天然气流量。

6.1.2　电-气互联网络混合能流求解

目前统一求解方法可以采用扩展型的牛顿-拉弗森法，将电力系统的牛顿-拉弗森法潮流求解的算法扩展到电-气互联网络的多能流求解中。通过输入初始化数据，构造电-气复合雅可比矩阵进行潮流求解。

以电网和天然气网络的潮流模型中 n 个节点的电-气互联综合能源系统为例，潮流方程为

$$P_i=\sum_{j=1}^{n}\frac{\theta_i-\theta_j}{X_{ij}}+\sum_{j=1}^{k}P_{ij} \tag{6.15}$$

$$f_{ij}=\sum_{j=1}^{n}M_{ij}d_{ij}\sqrt{d_{ij}\left(\pi_i^2-\pi_j^2\right)}+\sum_{j=1}^{m}f_{ij,\mathrm{P2G}} \tag{6.16}$$

$$f_{\mathrm{t}}=\alpha+\beta P_{\mathrm{t}}+\nu P_{\mathrm{t}}^2 \tag{6.17}$$

$$f_{\mathrm{P2G}}=\frac{P_{\mathrm{P2G}}t\eta_{\mathrm{P2G}}\gamma_{\mathrm{E}}}{H_{\mathrm{G}}} \tag{6.18}$$

在电-气互联网络里，燃气轮机消耗天然气流量而输出电能，P2G 装置消耗电能而输出天然气流量。在以上电-气互联网络的潮流方程中，节点 i 的电网有功功率等于该节点处全部的电力线路注入的有功功率，以及燃气轮机发电向该点注入的有功功率；节点 i 注入天然气的流量与管道中天然气的流量相同，包括 P2G 装置中天然气注入量。

其一般性迭代算法为

$$F\left(X_{\mathrm{EG}}^{(k)}\right)=-J_{\mathrm{MIX}}^{(k)}X_{\mathrm{EG}}^{(k)} \tag{6.19}$$

$$X_{\mathrm{EG}}^{(k+1)}=X_{\mathrm{EG}}^{(k)}+\Delta X_{\mathrm{EG}}^{(k)} \tag{6.20}$$

式中，$F\left(X_{\mathrm{EG}}^{(k)}\right)$ 为电-气的偏差量列向量；$X_{\mathrm{EG}}^{(k)}$ 为系统状态量；$J_{\mathrm{MIX}}^{(k)}$ 为复合雅可比矩阵，表示系统潮流与状态量之间的关系。

系统潮流与状态量之间的关系为

$$\begin{bmatrix}\Delta F_{\mathrm{E}}\\ \Delta F_{\mathrm{G}}\end{bmatrix}=-\begin{bmatrix}J_{\mathrm{EE}}J_{\mathrm{EG}}\\ J_{\mathrm{GE}}J_{\mathrm{GG}}\end{bmatrix}\begin{bmatrix}X_{\mathrm{E}}\\ X_{\mathrm{G}}\end{bmatrix} \tag{6.21}$$

在电-气互联网络中，如果天然气网络的平衡节点为天然气气源的注入节点，则当天然气网络的潮流波动时，由气源进行天然气潮流的平衡，此时 J_{EG} 为 0；当电网与外电网相连时，平衡节点在外部网络，由外部电网节点进行电力潮流的平衡，此时 J_{GE} 为 0。根据天然气网络和电网是否与外部相连的情况，复合雅可比矩

阵的非对角块呈现不同的形式，见表 6.3。

表 6.3　复合雅可比矩阵非对角块在不同运行方式下的取值

非对角块	天然气系统并网	天然气系统孤岛	电力系统并网	电力系统孤岛
J_{EG}	0	不为 0 （P2G 装置作为平衡节点）	—	—
J_{GE}	—	—	0	不为 0 （燃气轮机作为平衡节点）

根据电网和天然气网络平衡节点的不同选取方式，电-气互联综合能源系统共有四类运行方式：第一类运行方式为电网选择某台燃气轮机作为平衡节点，而天然气网络选择某台 P2G 装置作为天然气平衡节点，仅采用区域内部的风电等新能源发电进行供能，此时两个网络是完全耦合的运行状态。第二类运行方式为天然气网络选择非 P2G 装置气源作为平衡节点，而电网选择燃气轮机为平衡节点，两个网络为不完全耦合的运行状态。第三类运行方式为天然气网络选择 P2G 装置作为平衡节点，电网选择非燃气轮机作为平衡节点，两个网络同样为不完全耦合状态。第四类运行方式是电网和天然气网络同时选取非燃气轮机和非 P2G 装置气源作为平衡节点，系统实现完全解耦运行。四种运行状态的对比见表 6.4。

表 6.4　电-气互联网络的运行模式对比

运行方式	平衡节点选取	
	电网	天然气网络
完全耦合	燃气轮机	P2G 装置
不完全耦合	燃气轮机	非 P2G 装置气源
不完全耦合	非燃气轮机	P2G 装置
完全解耦	非燃气轮机	非 P2G 装置气源

优化运行问题求解过程中，优化目标函数考虑对外购置电能及天然气流量的成本，但不考虑内部燃气轮机和 P2G 装置的运行成本，即直接将电-气互联网络统一视为内部网络，不考虑内部网络的任何成本消耗。而此时，直接将平衡节点设置在外部网络中。有部分外部发电机组及外部气源将充当电网和天然气网络的平衡节点。本章中不考虑天然气网络中的天然气压缩机支路接入，即只考虑管道流量的变化。同时，由于假设平衡节点在外部网络，此时天然气网络内部不考虑燃气流量损耗。此情况下的电-气互联综合能源系统的混合潮流计算流程，见图 6.3。

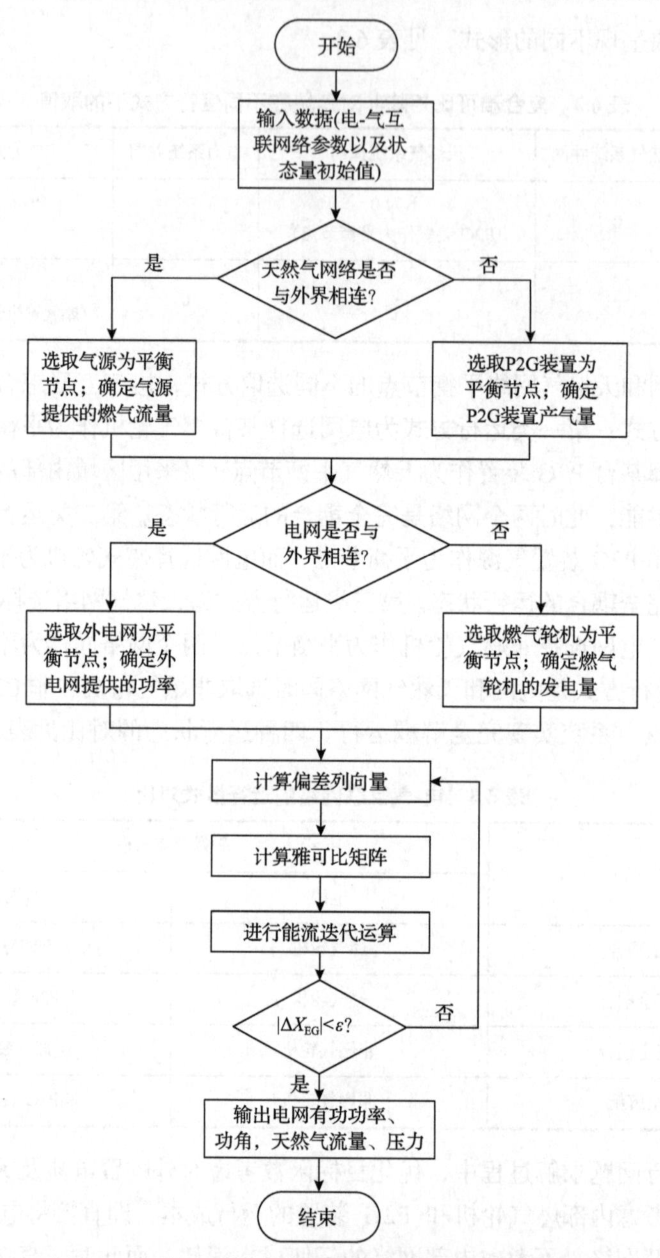

图 6.3　电-气互联综合能源系统的混合潮流计算流程图

以下将通过 IEEE 9 节点电网和 7 节点天然气网络的互联系统对混合潮流计算方法进行验证，见图 6.4，其中 9 节点电网与 7 节点天然气网络通过燃气轮机 GT1 以及 P2G 装置 WP1 相连，W1 为天然气网络的外部气源，G1 为电网的外部燃煤机组，而 WD1 为接入电力系统的风电机组。基于互联网络的混合潮流计算结果如表 6.5 和表 6.6 所示。其中燃气轮机、风电机组及燃煤机组的输入功率为 50～150MW。

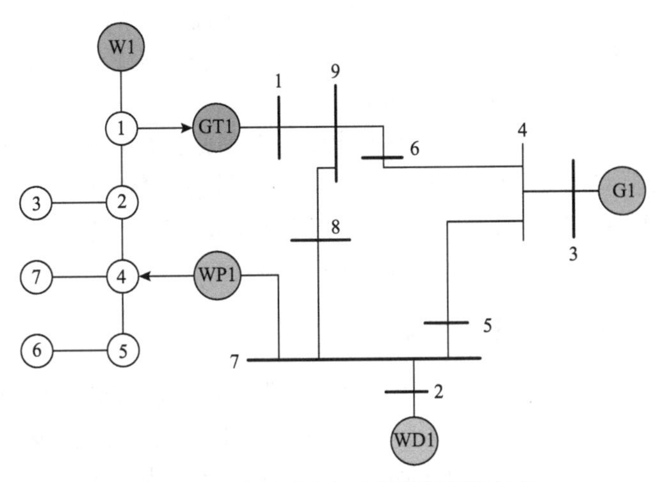

图 6.4　混合潮流求解中的算例网络结构

表 6.5　混合潮流中天然气网络的参数取值

节点序号	节点气压/kPa	管道序号	管道流量/(m³/h)
1	874.21	1-2	47987.91
2	492	2-3	10823
3	417	2-4	15164.91
4	1120.3	4-7	0
5	790.41	4-5	5613
6	758.41	5-6	6546.01
7	985.2		

表 6.6　混合潮流中电网的参数取值

节点序号	节点相角/rad	机组输入功率/MW	电负荷功率/MW
1	–0.046	101.2	
2	–0.105	90	
3	–0.087	54.75	0.5
4	–0.037		
5	–0.061		120
6	0.041		125.45
7	0.025		
8	0.135		
9	0.014		

天然气网络的管道流量和节点气压参数经过混合潮流求解得到，具体见表 6.5。流量和气压的取值全部处于原有网络的不等式极值约束以内，未出现参数越限的状况。其中天然气网络的节点压力因与气源节点的距离不同而表现不一。由于 1、4 节点有外部气源以及 P2G 装置的接入，此处的管道压力较高，而 3、5、6 节点距离气源节点较远，此处管道压力较低。

电网的节点相角、机组输入功率和电负荷功率见表 6.6。电网系统中的求解过程需要包括与模型相关的约束条件，其中电网系统包含燃气轮机、风电机组和传统燃煤机组，即 1、2、3 号节点，7 号节点表示 P2G 装置，电-气互联网络利用数学模型进行仿真分析可以得出潮流算法的正确性。

6.1.3　电-气互联网络优化运行求解

本节将直接使用内点法对电-气互联网络进行优化运行问题的求解。假设此时电-气互联网络的运行及调度主体为同一家机构，其信息交互没有限制。根据外购电和外购气的价格曲线，以互联网络系统的 24h 运行费用最小值为优化目标。其目标函数为

$$\min\left\{C_{\mathrm{E}}+C_{\mathrm{G}}\right\} \tag{6.22}$$

式中，C_{E} 和 C_{G} 分别为电网和天然气网络的 24h 总运行成本。

电网总运行成本 C_{E} 为

$$C_{\mathrm{E}}=\sum_{t=1}^{24}\sum_{i=1}^{4}\left(C_i^{\mathrm{A}}P_{G_i}^2(t)+C_i^{\mathrm{B}}P_{G_i}^2(t)+C_i^{\mathrm{C}}\right) \tag{6.23}$$

式中，C_i^{A}、C_i^{B}、C_i^{C} 为第 i 台燃煤机组的价格参数；$P_{G_i}(t)$ 为第 i 台燃煤机组每小时的出力。

天然气网络总运行成本 C_{G} 为

$$C_{\mathrm{G}}=\sum_{t=1}^{24}\sum_{i=1}^{4}\left(C_i^{\mathrm{G}}f_{W_i}(t)\right) \tag{6.24}$$

式中，C_i^{G} 为天然气网络中第 i 个气源的成本；$f_{W_i}(t)$ 为第 i 个气源每小时流量。

电网约束包含功率平衡约束、机组出力约束，即

$$\sum_{d\in i}P_{\mathrm{G}d,t}+\sum_{d\in i}P_{\mathrm{GT}d,t}+\sum_{d\in i}P_{\mathrm{P2G}d,t}+\sum_{d\in i}P_{\mathrm{L}d,t} \tag{6.25}$$

式中，$P_{\mathrm{G}d,t}$、$P_{\mathrm{GT}d,t}$、$P_{\mathrm{P2G}d,t}$、$P_{\mathrm{L}d,t}$ 分别为电网中的燃气轮机出力、风电场出力、P2G 装置的耗电量以及电负荷。

天然气网络约束包含流量约束、节点气压约束、气负荷约束的极限约束等，有如下公式：

$$f_{\mathrm{G}}^{\min} \leqslant f_{\mathrm{G}} \leqslant f_{\mathrm{G}}^{\max} \tag{6.26}$$

$$f_{\mathrm{L}}^{\min} \leqslant f_{\mathrm{L}} \leqslant f_{\mathrm{L}}^{\max} \tag{6.27}$$

$$\pi^{\min} \leqslant \pi \leqslant \pi^{\max} \tag{6.28}$$

$$f_{ij} = M_{ij} d_{ij} \sqrt{d_{ij}\left(\pi_i^2 - \pi_j^2\right)} \tag{6.29}$$

$$E \times f_{\mathrm{G}} = F \times f_{\mathrm{L}} + A \times f_{\mathrm{P}} \tag{6.30}$$

式(6.26)为天然气网络的气源流量约束，f_{G}为气源流量；式(6.27)为气负荷约束，f_{L}为天然气负荷流量；式(6.28)为节点气压约束；式(6.29)为输气管道中节点压力与流量的关系；式(6.30)为天然气网络的节点流量平衡方程，其中 E、F 和 A 分别为节点-气源关联矩阵、节点-负荷关联矩阵以及节点-管道关联矩阵。

上述算例是根据 IEEE 39 节点电网改进而来的，与比利时 20 节点天然气网络有所不同。这两个节点网络都是利用燃气轮机和 P2G 装置，网络内部包含风电机组的接入，外部包含传统燃煤机组的接入。其中电网部分有 4 台燃煤机组接入和 6 台燃气轮机接入，同时有 3 座风电场并网。而天然气网络部分则有 3 台 P2G 装置接入，以及 4 个外部气源，其网络结构见图 6.4。风电场的出力曲线见图 6.5。

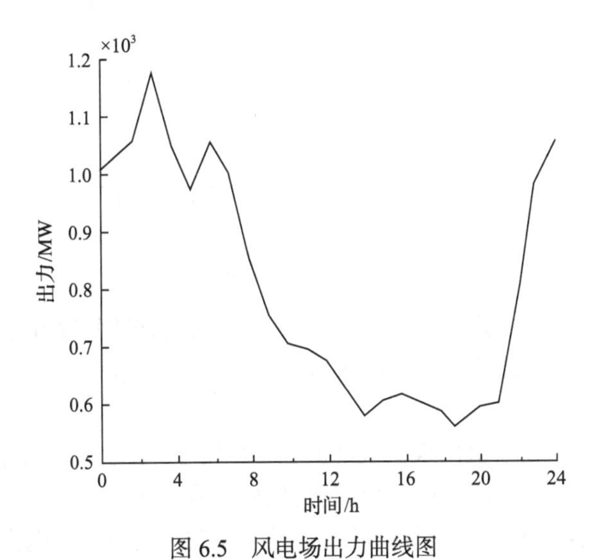

图 6.5　风电场出力曲线图

互联系统天然气网络总负荷曲线见图 6.6。

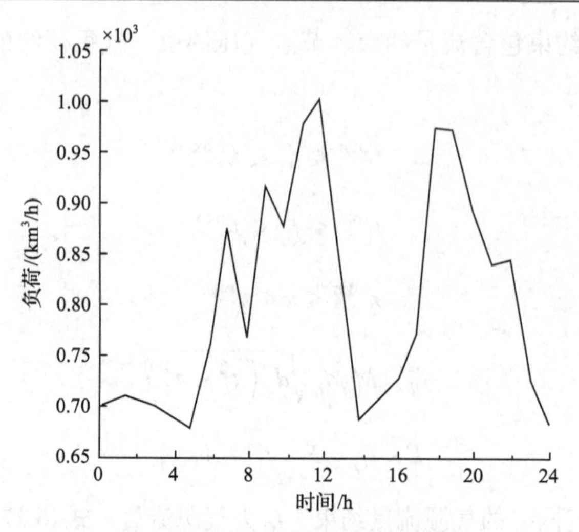

图 6.6 天然气网络总负荷曲线图

互联系统电网总负荷曲线见图 6.7。

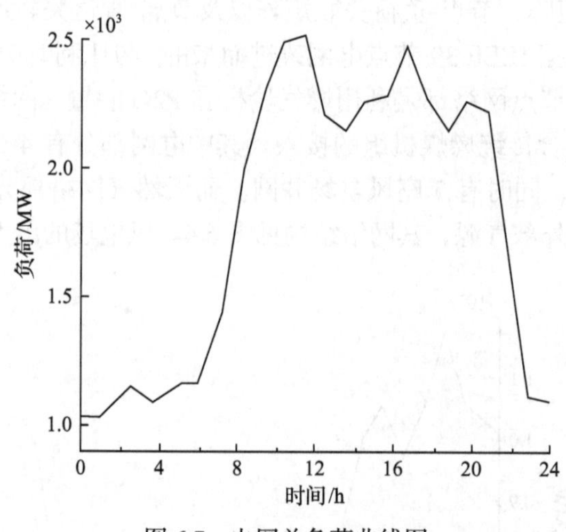

图 6.7 电网总负荷曲线图

通过 GAMS 软件中的 Baron 求解器，对以上仿真算例进行传统内点法优化算法的求解。本节所示的算例中电力能流的运行优化结果见图 6.8。天然气能流的运行优化结果见图 6.9。

如图 6.8 所示，在风电出现富余的时候，如第 1～8h，P2G 装置主要在该时段运营，同时由风电承担大部分的电网负荷供应。在本节算例里，P2G 装置吸收了富余的风电并减轻了电力系统负荷的峰谷差。同时，当富余风电由 P2G 装置吸收并产生天然气时，天然气系统对外购置的燃气成本也会降低。此外，由于燃气轮机的燃料成本高于燃煤机组的燃料成本，只有当电网负荷出现高峰，且燃煤机组及

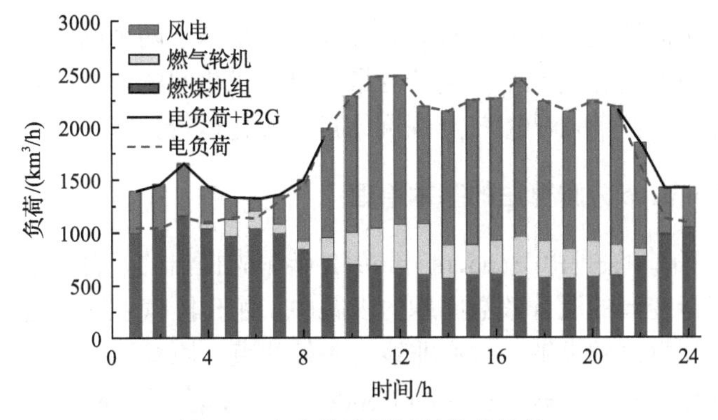

图 6.8　电力能流的运行优化结果

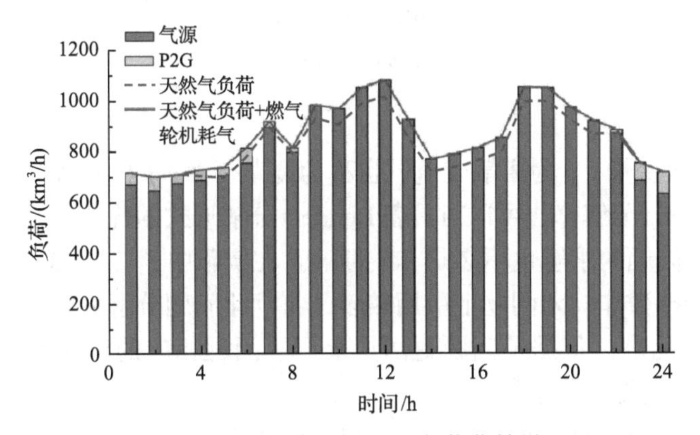

图 6.9　天然气能流的运行优化结果

风电不能满足电网负荷的平衡时，燃气轮机才投入运行以抵消缺电量不平衡。

如图 6.9 所示，当天然气网络中天然气负荷较低时，恰好与电网电负荷较低的时间一样，此时超发的风电通过 P2G 装置产生甲烷从而给天然气负荷进行供气。当天然气负荷处于高峰期时，电负荷亦处于高峰期。此时燃气轮机需要启动投入运行以满足电功率平衡，而外购气源的流量亦在此时达到高峰。

经过仿真模拟计算，该算例下的电网和天然气网络的优化运行成本分别为 587230 美元和 163205 美元，互联系统运行成本为 750435 美元。

6.2　基于广义 Benders 分解算法的电-气互联综合能源系统优化

由于电-气互联综合能源系统两个网络的调度运行是相对分离的，需要对优化问题使用分解优化算法，从而考虑电力和天然气网络决策主体的分离状况。与集中式优化的求解方法不同的是，广义 Benders 分解算法通过将原有的优化问题分解为主问题和子问题进行分开求解。其计算流程是基于两个网络之间的耦合关系式，通过固定原有优化问题中的复杂变量，降低优化问题的求解难度。本节将使用广义 Benders 分解算法对电-气互联网络进行优化运行计算。

6.2.1 广义 Benders 分解算法的基本原理

Benders 分解算法是由 Benders 于 1962 年率先提出的，普遍适用于带有决策变量和连续运行变量的混合整数问题的求解中。由于电-气互联综合能源系统中涉及天然气网络和电网的求解，含有非线性条件约束，原有的 Benders 分解算法不适用于此类优化问题的求解。原有的 Benders 分解算法可以表示为

$$\begin{cases} \min\{cx + f(y)\} \\ \text{s.t. } Ax + F(y) = b \\ x \in X, y \in Y \end{cases} \tag{6.31}$$

式中，x 为连续变量；y 为离散变量，也称为复杂变量；f 和 F 皆为线性函数。

广义 Benders 分解算法可以对具备 Benders 分解形式的优化问题进行非线性问题求解，对子问题的求解也不必是非线性的。在实际中，广义 Benders 分解算法在大规模混合整数非规划问题上应用较多，将优化问题分解成整数规划主问题及非线性规划子问题。依据子问题返回给上层主问题相应的对偶变量信息，形成 Benders 割进行反复迭代求解。

混合整数非线性规划问题（MINLP）可以描述为

$$\begin{cases} \min g(x,y) \\ \text{s.t. } L(x,y) \geqslant 0 \\ x \in X, y \in Y \end{cases} \tag{6.32}$$

式中，g 和 L 为非线性函数。如果 y 变量固定，则式(6.32)可以转化为关于 x 的较容易求解的凸优化子问题，将其映射到 y 空间中，得到主问题的表达式为

$$\min p(y), \quad \text{s.t. } y \in Y \cap P \tag{6.33}$$

式中，$Y \cap P$ 可以称为原优化问题的可行域对 Y 空间的投影，实值函数和可行域的定义分别为

$$p(y) = \min g(x,y), \quad \text{s.t. } L(x,y) \leqslant 0 \tag{6.34}$$

$$P = \{y \in \mathbf{R}^m : \exists x \in X, \ \text{s.t. } L(x,y) \leqslant 0\} \tag{6.35}$$

由此可见，当固定 y 以后，凸优化问题只与 x 相关。式(6.34)、式(6.35)的对

偶形式可以描述为

$$P(y)=\min\left\{\min g(x,y)+\lambda^{\mathrm{T}}L(x,y)\right\},\quad \lambda^{\mathrm{T}}\geqslant 0, x\in X \tag{6.36}$$

式中，λ 为拉格朗日乘子向量。如果此时可以确定可行解 y_0，那么可以求解只与 x 有关的凸优化子问题，式(6.36)可以转化为

$$P(y)=\min g(x,y_0),\quad \text{s.t.}\ L(x,y)\leqslant 0, x\in X \tag{6.37}$$

将会得到 $y=y_0$ 求解情况下的 $L(x,y)$ 对应的拉格朗日乘子向量 λ_0，以及返回主问题的不等式约束，或称为 Benders 割：

$$p(y)\geqslant \gamma_0(y)=\min g(x_0,y)+\lambda_0^{\mathrm{T}}L(x_0,y),\quad x\in X \tag{6.38}$$

将式(6.38)的 Benders 割返回到主问题中并进行计算，求解后可得到更新后的 y 值以及其对应的 $p(y)$值，将最新得到的 $p(y)$与 $\gamma_0(y)$ 进行比较，若精度满足要求则输出最优解；若不满足则继续迭代计算。

Benders 分解算法的根本原理是采用映射、松弛、对偶等去解决一些优化问题，通过分解将复杂问题转化为主优化问题和子优化问题[140]。在有限次数的迭代计算中，不断对主优化问题以及子优化问题进行求解，从而间接实现对原有问题的优化计算。在求解混合整数非线性规划问题中，实际上运用广义 Benders 分解算法时，复杂变量的选取有多种可能性，除了可以选取 0-1 整数变量，还可以选取其他连续变量以简化子问题的求解。

6.2.2　基于广义 Benders 分解算法的电-气互联综合能源系统优化模型

对于原有电-气互联综合能源系统的优化问题，可以利用广义 Benders 分解算法对其天然气网络优化问题及电网优化问题进行分解，随之进行优化计算。

原电-气互联网络的优化问题可以简写为

$$\min\sum_{i=1}^{24} g(P_{G_i}, f_{W_i}) \tag{6.39}$$

式中，P_{G_i} 为燃煤机组的出力功率；f_{W_i} 为天然气网络的气源流量。

此时该目标函数为非线性的混合整数规划问题。根据广义 Benders 分解算法的思想，需要根据非线性问题以及线性问题进行划分。此时对电网优化问题为非线性规划，而天然气网络优化问题为非线性规划。将电网优化问题设为子问题，P_{G_i} 被视为复杂变量；而天然气网络优化问题设为主问题，通过两层优化对其进行迭代求解。

基于广义 Benders 分解算法的电-气互联网络的求解思路见图 6.10。

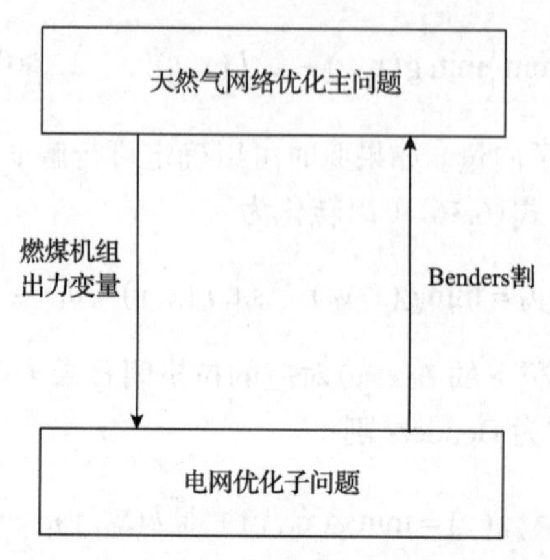

图 6.10　基于广义 Benders 分解算法的电-气互联网络的求解思路

此时上层优化主问题为一个规模较小的混合整数规划问题，即天然气网络优化问题设为广义 Benders 分解优化的主问题，其表达式为

$$\min:\mu=\sum_{i=1}^{24}\varphi(f_{w_i}) \tag{6.40}$$

下层的优化子问题为电网优化问题，可以表示为

$$\zeta(P_{G_i})=\min\sum_{i=1}^{24}f(P_{G_i}) \tag{6.41}$$

同时设定前一次迭代计算中主问题所求得的燃煤机组出力为 P_{G_i}，在首次迭代计算时，$P_{G_i}^0$ 将使用给定的初值。在求解下层子问题时，根据给定的燃煤机组有功出力 P_{G_i} 以及相对应的拉格朗日乘子 λ，将电力子问题以 Benders 割的形式代入上层主问题中。子问题的 Benders 割可以表示为

$$\zeta(P_{G_i})\geqslant\tilde{P}_{G_i}+\sum\lambda\left(P_{G_i}-P_{G_i}^0\right) \tag{6.42}$$

将 Benders 割回代到主问题中，可获得主问题的一次求解。然而上层主问题添加 Benders 割以后不能完全实现子问题的优化求解，所以需要下一轮的迭代运算。可以通过设置主问题的最优值为 μ_0，而设置主问题的当前值为 μ，设置计算精度为 ε，预设精度为 ε_0，将收敛判断条件设置为

$$\varepsilon=\frac{\mu-\mu_0}{\mu}\leqslant\varepsilon_0 \tag{6.43}$$

当实现精度满足预设精度时，可以得到优化主问题以及优化子问题的最优解。否则将继续进行迭代计算，将求得的新一轮燃煤机组出力传递到电力优化子问题中，形成新的 Benders 割以后再回代到主问题，反复进行计算以满足收敛条件。

6.2.3　算法流程介绍

基于广义 Benders 分解算法的电-气互联综合能源系统优化运行问题的迭代算法流程，见图 6.11。

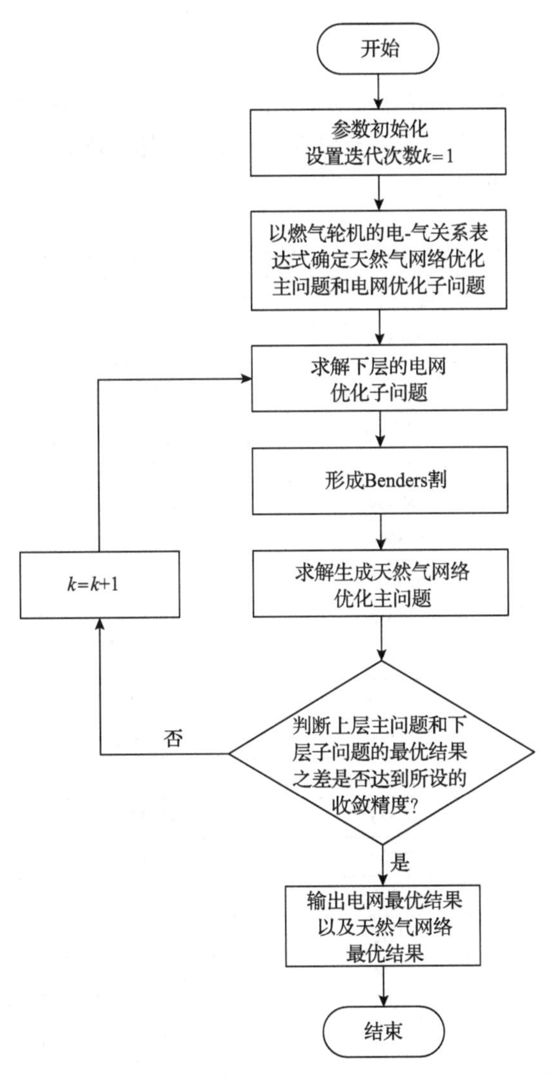

图 6.11　基于广义 Benders 分解算法的电-气互联综合能源系统优化运行问题的迭代算法流程

(1) 所有参数初始化，设置迭代次数 $k=1$。

(2)使用燃气轮机的电-气关系表达式作为耦合变量关系式，划分形成天然气网络优化主问题和电网优化子问题。

(3)求解下层的电网优化子问题。

(4)形成 Benders 割。

(5)返回求解上层天然气网络优化主问题。

(6)不断进行迭代计算，直至主问题和子问题的计算结果达到所设的收敛精度。

(7)输出天然气网络主问题和电网子问题的最优解。

6.2.4 算例分析

为验证广义 Benders 分解算法对电-气互联综合能源系统优化运行求解的有效性，以改进 IEEE 39 节点电网和比利时 20 节点天然气网络所组成的电-气互联网络为算例，计算结果见表 6.7。

表 6.7 基于广义 Benders 分解算法的电-气互联系统运行成本

迭代次数	电网运行成本/美元	天然气网络运行成本/美元	互联系统运行成本/美元
1	705480	128050	833530
2	701000	129807	830807
3	695000	131564	826564
4	691000	133321	824821
5	689500	135078	824578
6	685000	136835	821835
7	684320	136838	821158
8	682010	137935	819945
9	679040	139032	818072
10	675000	140129	815129
11	673509	141226	814735
12	672541	142323	814864
13	671543	143420	814963
14	670250	144517	814767
15	668540	144616	814165
16	667415	146291	813706
17	665000	146966	811966
18	662058	147641	809699
19	658415	148316	806731
20	655874	148991	804865
…	…	…	…

续表

迭代次数	电网运行成本/美元	天然气网络运行成本/美元	互联系统运行成本/美元
46	587230	163205	750435
47	587230	163205	750435
48	587230	163205	750435

在第 46 次迭代后，电网运行成本降为 587230 美元，天然气网络运行成本降至 163205 美元，互联系统运行成本降为 750435 美元。基于广义 Benders 分解算法的电-气互联综合能源系统优化模型的准确性由此得到验证。

6.3　基于交替方向乘子算法的电-气互联综合能源系统优化

交替方向乘子算法(alternating direction method of multiplier，ADMM)是一种用于求解复杂优化问题的算法，适用于求解多主体决策的凸优化问题。ADMM 通过分解协调(decomposition-coordination)过程，将复杂问题分解为数个相对较易的子问题，将子问题进行不断优化，最后决策得出结果即复杂问题的最优解。本节通过 ADMM 对电-气互联网络的优化运行进行计算。

6.3.1　交替方向乘子算法的基本原理

ADMM 的优化问题可以被描述为

$$\min f(x)+g(z) \tag{6.44}$$

$$\text{s.t. } Ax+Bz=C \tag{6.45}$$

式中，x 和 z 分别为优化变量；$\min f(x)+g(z)$ 为待优化问题的目标函数，主要由与变量 x 相关的 $f(x)$ 和与变量 z 相关的 $g(z)$ 这两部分构成。其中 $x\in\mathbf{R}^s$，$z\in\mathbf{R}^n$，$A\in\mathbf{R}^{p\times x}$，$B\in\mathbf{R}^{p\times n}$，$C\in\mathbf{R}^p$。

ADMM 可以用高斯-赛德尔迭代法求解。在求解过程中，两个子问题中只有一个处于运算状态。当得到耦合变量值后，将其替换为另一个子问题求解。当等待另一个子问题更新耦合变量的值时，它将被替换回前一个子问题中，用于下一次迭代。在每次迭代结束时和进入下一个迭代时必须更新乘数。其求解方法可以表示为

$$\begin{cases} x^{k+1}=\arg\min\limits_{x} L_p(x,z^k,y^k) \\ z^{k+1}=\arg\min\limits_{z} L_p(x^{k+1},z,y^k) \\ y^{k+1}=y^k+\rho(Ax^{k+1}+Bz^{k+1}-C) \end{cases} \tag{6.46}$$

可以看出，在每次迭代计算中，总共有三步：求解与 x 相关的最小化问题，并更新变量 x；求解与 z 相关的最小化问题，并更新变量 z；更新乘子 y。

ADMM 的收敛标准为

$$\begin{cases}\left\|r^{(k+1)}\right\|_2^2=\left\|Ax^{k+1}+Bz^{k+1}-C\right\|_2^2\leqslant\varepsilon_{\text{pri}}\\\left\|s^{(k+1)}\right\|_2^2=\left\|\rho A^{\text{T}}B(z^{k+1}-z^k)\right\|_2^2\leqslant\varepsilon_{\text{dual}}\end{cases}\tag{6.47}$$

式中，$\left\|r^{(k+1)}\right\|_2^2$、$\left\|s^{(k+1)}\right\|_2^2$ 为第 k+1 次迭代计算后的原始残差和对偶残差；ε_{pri}、$\varepsilon_{\text{dual}}$ 分别为原始残差和对偶残差的容忍上限。

6.3.2 基于交替方向乘子算法的电-气互联综合能源系统优化模型

交替方向乘子算法在综合能源系统当中解决优化问题，通过系统要求将复杂问题分解为电网子问题和新能源子问题，同时需要将目标函数设置为总系统运行成本最低。此刻的电-气互联综合能源系统可被视为基于有限次数信息交互情况下的运行系统，而电网调度机构和天然气网络调度机构可被视为分开的两个决策主体，通过有限次数的通信，形成电力能流和天然气能流的协同优化。在综合能源系统优化中，对于优化模型的建立首先需要设定目标函数和约束条件，其中目标函数中包含电气耦合关系，约束条件则需要考虑功率约束、机组出力约束等。

在天然气网络优化子问题中，同样将选取基于燃气轮机的电-气耦合关系式代入目标函数中，此时天然气网络需要满足的约束条件则包括气源及气负荷约束、天然气网架约束以及 P2G 装置约束等。

乘子系数的更新表达式为

$$y^{k+1}=y^k+\psi\left(f_{\text{GT}}^{(k+1)}-\alpha-\beta P_{\text{GT}}^{(k+1)}-\nu P_{\text{GT}}^{2(k+1)}\right)\tag{6.48}$$

6.3.3 算法流程介绍

基于 ADMM 的电-气互联综合能源系统优化运行问题的迭代算法流程见图 6.12。

(1) 初始化迭代计算中的所有参数，开始时设置迭代次数 k=1，设置原始残差、对偶残差及惩罚因子，定义 ADMM 的耦合变量，设置合理的乘子系数 y 初值。

(2) 对电网优化子问题以及天然气网络优化子问题依次进行计算，并及时更新乘子系数 y。

(3) 根据原始残差和对偶残差的收敛判据，判断其是否收敛性，若计算符合收敛判据，则结束计算并输出互联网络的优化运行结果；否则迭代次数自动加 1 返回第(2)步，继续更新乘子系数，并开始下一轮的迭代计算。

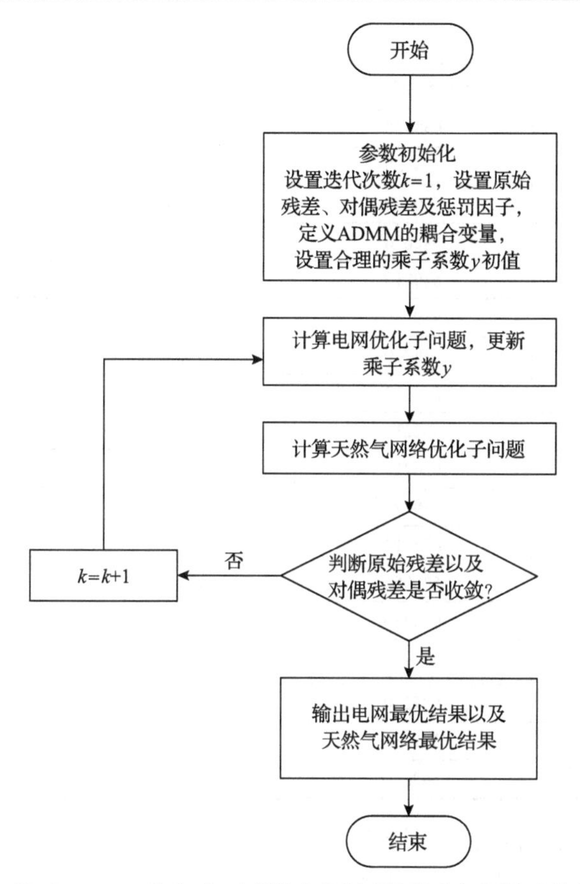

图 6.12　基于 ADMM 的电-气互联综合能源系统优化问题的迭代算法流程

6.3.4　算例分析

为验证本节所提出的 ADMM 对电-气互联综合能源系统优化运行问题求解的有效性，以改进 IEEE 39 节点电网和比利时 20 节点天然气网络所组成的电-气互联系统为算例进行分析，计算结果见表 6.8。

表 6.8　基于 ADMM 的电-气互联系统运行成本

迭代次数	电网运行成本/美元	天然气网络运行成本/美元	互联系统运行成本/美元
1	676804	150102	826906
2	674310	150577	824887
3	670450	151072	821522
4	665040	151537	816577
5	663420	152002	815422
6	661085	152507	813592

续表

迭代次数	电网运行成本/美元	天然气网络运行成本/美元	互联系统运行成本/美元
7	659880	153013	812892
8	655480	153497	808977
9	650480	153972	804452
10	642630	154457	797087
11	640810	154912	795722
12	639480	155367	794847
13	638210	155832	794042
14	634210	156307	790517
15	632210	156822	789032
16	630210	157327	787537
17	628574	157822	786396
18	623014	158337	781351
19	620054	158836	778890
20	644780	159281	804061
…	…	…	…
29	587230	163205	750435
30	587230	163205	750435
31	587230	163205	750435

第 29 次迭代计算后，电网运行成本降为 587230 美元，而天然气网络运行成本降为 163205 美元，互联系统运行成本降至 750435 美元，与 6.1.3 节使用的内点法结果一致。基于 ADMM 的电-气互联综合能源系统优化模型的准确性得到验证。

6.4 电-气互联综合能源系统优化结果对比分析

在电-气互联综合能源系统优化运行问题计算中，采用迭代次数、计算时间等指标对普通集中式算法、广义 Benders 分解算法、ADMM 进行对比，结果如表 6.9 所示。

表 6.9 基于三种方法的电-气互联综合能源系统优化运行计算结果对比

优化方法	互联系统运行成本/美元	电网运行成本/美元	天然气网络运行成本/美元	迭代次数	计算时间/s
普通集中式算法	750435	587230	163205	—	—
广义 Benders 分解算法	750435	587230	163205	46	28.47
ADMM	750435	587230	163205	29	16.52

以普通集中式算法的优化结果为验证标准，检测广义 Benders 分解算法和 ADMM 的计算结果准确性。如表 6.9 所示，三种算法都有较好的收敛性，在特定要求的计算精度下，广义 Benders 分解算法和 ADMM 获得与普通集中式算法一致的最优解结果。从计算精度而言，对比协同优化算法的结果，ADMM 收敛较快，且用时较短，仅用时 16.52s；广义 Benders 分解算法次之，用时 28.47s。从迭代次数来看，ADMM 达到同样的优化运行成本需要迭代 29 次，而广义 Benders 分解算法需要迭代 46 次。在收敛性方面，ADMM 比广义 Benders 算法要好[141]。

图 6.13～图 6.15 绘制了基于广义 Benders 分解算法和 ADMM 的优化计算过程中的电网运行成本、天然气网络运行成本以及电-气互联综合能源系统运行成本。两种优化方法都能以较快的速度达到最优解，皆有良好的收敛性。两种算法在迭代运算开始时，皆出现电网运行成本较高以及天然气网络运行成本较低的问题。对于 ADMM 而言，燃气轮机的耗气量关系式中的耦合变量，即天然气流量初始值为 0，此时由于受到惩罚因子的影响，燃气轮机总体出力较小，使得电网过度依赖外部燃煤电源的供电，电网运行成本过高；同时因为燃气轮机耗气量少，天然气网络对外购气量较少，此时天然气网络的运行成本较低。随着迭代运算的推进，互联系统朝着优化成本目标进行迭代运算，此时燃气轮机的耗气量增大，随之电网运行成本下降，以及天然气网络运行成本上升。

而对于广义 Benders 分解算法而言，因为算法以天然气网络优化问题为主问题，而电网优化问题为子问题，在迭代计算过程中，燃煤机组的出力设置为复杂变量，其拥有初始值定值，所以在迭代计算的初期，电力系统的运行费用是偏大的，将电网子问题不断回代到天然气网络主问题时，对主问题的优化进行不断修正。最后同样呈现出天然气网络运行费用降低、后期费用攀升至优化运行值的结果。

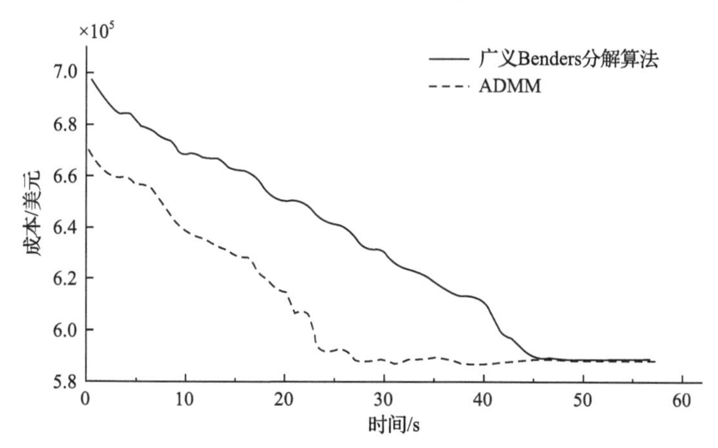

图 6.13 采用广义 Benders 分解算法与 ADMM 的电网优化运行成本对比

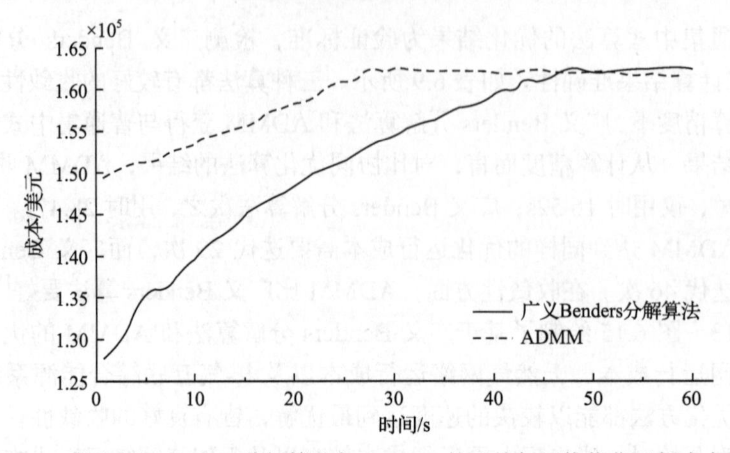

图 6.14　采用广义 Benders 分解算法与 ADMM 的天然气网络优化运行成本对比

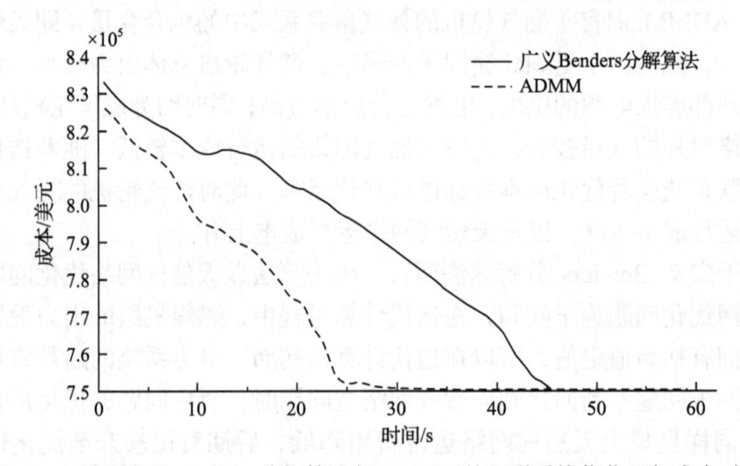

图 6.15　采用广义 Benders 分解算法与 ADMM 的互联系统优化运行成本对比

第 7 章　电转气综合能源的经济性

7.1　综合能源电转气的现状及应用前景

综合能源系统是以各自系统的稳态分析为基础，打破包括电力系统、天然气系统、热力系统的多种能源系统内部单独规划与运行的既成模式壁障，在不同系统的规划、运行、调度过程中，对能量在不同系统的分配、储存、转化及使用等环节进行统一优化，利用电、气、热等多种能源间的互补作用，实现能源调度协同化、多能源系统规划整体化，进而实现可再生能源利用率的有效提升和多能源系统的安全管理。从 2004 年开始，诸多国外能源系统便已经逐步展开面向综合化的优化运行方向转型的研究工作。美国在 2007 年将国家能源战略重心转移至综合能源系统的研究工作。随后，欧洲、日本等多个国家及地区逐步给出并开展综合能源系统研究计划，并在综合能源系统的基本概念建立、内部结构架设、实用运行方式探索、整体经济性优化等方面取得初步成果。 在此背景下，综合能源系统将为早日实现电能替代、可再生能源替代传统能源的目标做出巨大贡献。

综合能源系统内部具有多类型的能量和多样的能量转化设备，其中电锅炉及 CHP 机组作为现今使用较多的电-热系统耦合设备，以实现能量形式的转换。与此同时，电转气技术的应用也具有较高的潜在效益潜力，由于电转气厂站建设成本较高，目前仅应用于示范项目中，但技术正在不断革新。

德国是早期开发电转气技术研究的国家之一，2024 年将有 6 座接收站上线，还在加速审批和建设电转气厂站基础设施。现在世界多地均已开展电转气示范项目，如欧盟 Electra 项目(提出“网元互联”理念，实现智能电网的分层分布式控制)、E-DeMa 示范项目(将智能电网中的能源传输、分配、管理及控制等交由能源路由器完成)和英国曼彻斯特示范项目(应用了包含电-气-热-水的综合能源系统与用户的实时交互平台，实现能源梯级利用，有效地解决了曼彻斯特可再生能源少以及传统化石燃料使用较多带来的能量损失问题)。

我国近年来也已开展了多个示范项目，如北京延庆主动配电网项目(基于该地区可再生能源渗透率较高的天然优势，与大数据平台有机结合以实现能量的多层控制、分层分级平衡以及能源出力预测与用户需求分析)、上海迪士尼度假区示范项目(通过能源站集中控制系统将能源一次利用率有效维持在 80%以上，实现了用户侧能源管理系统的高效集成以及能源的多级利用)、中新天津生态城示范项目(通过微网形式实现了异种分布式电源优势协同协调运行，独立运行的光储微电网系统将重要负荷的供电可靠性大大提高，同时运行模式更灵活），以及崇明岛示范项目（研制出符合我国国情的创新模式，实现可再生能源大规模利用，将该生态文明理念运用于生态建设与电力建设中；通过特有的能源管理模式，使项目的示范功能体现在经济性与模型可复制性中）。

对于涉及综合能源系统当中的框架结构、协同规划、模型仿真、优化运行及经济性分析等方面的研究已取得相当多的成果，但是综合能源系统可靠性研究正处于起步阶段，尚有大量工作需要展开，如综合能源系统内部各能源系统的时间尺度差异，评估模型及评价指标的建立与规范，各能源系统间的耦合关系复杂，以及综合能源系统中信息流与能量流的深度融合、交互。由此综合能源系统面临着诸多问题：综合能源系统可靠性模型的建立、算法速度及精度的改善、完整可靠性评价指标的设置等。在具体工程实现上我国与其他地区的示范工程相比，依然存在一定差距。例如，在能源政策方面，对综合能源系统建设与运行的补贴政策尚不完善，可再生能源与化石能源的开发及使用不协调；在互动机制方面，需求侧相应机制有待健全，暂不能满足用户与综合能源系统中多能协调的高效交互；在能源协调技术方面，冷、热、电能源的协调联系紧密性有待提高，且能源管控规模尚不成熟，新型能源设备研发不足，能源路由器未能投身使用。

电转气技术可被视作能够极大消纳可再生能源的一种大规模储能技术，用于实现电网和天然气系统间的耦合关系，最早由德国提出并开展工程示范。德国 Brandenburg 州的 Prenzlau 风电场于 2014 年投入使用电转气项目，成功将过剩风电转化成甲烷并入天然气系统。德国政府计划于 2050 年前实现能源方向转型，实现可再生能源发电比例达到 50%，并在可再生能源使用及多种能源协同方面取得重要成果，因此电转气技术的应用将为德国的重大工业工程的实现做出重要贡献。我国在电转气技术的发展与应用方面具有极大的优势。迄今为止，我国已然成为世界范围内可再生能源发电规模最大的国家。“十四五”期间，通过推行“揭榜挂帅”“赛马制”等创新机制，加大可再生能源技术创新攻关力度。可再生能源出力比例的不断攀升、负荷分布的高度分散性、持续存在的环境压力及传统化石能源的紧缺都将使电转气项目进入大发展时期。

关于电转气技术的研究在设备配置优化、经济性方面较为密集，取得了一定的研究成果。而相关可靠性研究仅针对负荷能量短缺展开，暂未涉及电转气厂站整体使用中对耦合的电力系统及天然气系统的可靠性影响。实际工程中，电转气技术的投资成本仍然较高，且存在设备构成复杂、可靠性不高、综合使用寿命较短、循环效率较低、技术尚不成熟等问题，极大限制了电转气厂站的发展。因此，可结合新型电力市场，研究合适的电转气厂站投资运行机制。考虑电转气厂站使用过程中，天然气管道承受氢气腐蚀的能力、天然气系统调度及混合燃料燃烧特性变化等问题，新出现的大规模储能技术——电转气技术，可以使电力系统与天然气系统间的耦合更加紧密。目前有关电-气互联综合能源系统调度研究举例如下。

(1)结合进化策略与内点法来求解以燃气机组为耦合手段的电-气互联综合能源系统的调度问题，以证实提出的求解算法的先进性。

(2)通过使用能源集线器和储氢设备研究综合能源系统调度问题，以证明氢储能在节省能源方面的优势。

(3)提出考虑天然气系统安全约束的电-气互联综合能源系统经济调度模型，使用能源调度因子矩阵代替天然气节点功率平衡等式，以论证模型的有效性。

(4)建立通用性强、具有拓展性的含电转气厂站的能源集线器模型，利用成熟商业化求解器求解调度问题。

(5)面向不同应用场景，利用能源中心原理提出含电转气的多源储能型微网日前调度模型，用以分析电转气厂站对新能源的消纳能力。

(6)在电-气互联综合能源系统运行调度的基础上，通过削峰填谷模型证明电转气和燃气机组在平抑负荷波动方面的作用。

以上多采用能源集线器模型结合成熟的商业化求解器进行求解。能源输入、转换和输出通过耦合矩阵表示，简化各子系统模型，使计算趋于简单，商业化的求解器在大规模非线性优化上适配性更强，程序简单、求解速度快；但能源集线器仅使用效率函数及能源分配系数实现能源转换过程，不能反映各设备间的联系，无法模拟子系统动态过程，且商业化的求解器不能反映与模型间的融合[140]。

7.2　电-气综合能源系统供能结构及数学模型

社会与经济的发展依赖于各种能源支持，现今负荷在种类及量级方面有着较大的需求，单一能源供应已经不能满足人类发展需要，并且在能源供应可靠性方面提出了更高的要求。随着智能电网技术的不断发展，依赖于能源系统革命，电网发展不断向信息化、自动化与智能化迈进。智能电网在环境改善、促进能源转型、建立可持续发展战略等方面具有举足轻重的作用。但不能仅仅依靠智能电网消纳大量的可再生能源，智能电网技术还不能轻松实现对能源网的规划、协同运行以及安全管理。可再生能源机组出力的利用率较低，在降低系统能源使用费用方面没有起到有效作用。

综合能源系统中各子系统之间通过耦合设备(如热电联产机组、电热锅炉、燃气轮机等设备)实现连接，正常运行时电力系统中的可再生能源机组发电出力被转化为其他形式的能量并在子系统之间流通，当某一子系统内部出现阻塞时，可通过其他系统的能源转化及时解决阻塞问题，保证综合能源系统的安全稳定运行。电-气综合能源系统是综合能源系统中的一部分，其仅包含电网和天然气系统，并不涉及制冷系统、制热系统等其他能源系统。电网与天然气系统之间通常使用燃气轮机和热电联产设备进行耦合，使能量从天然气系统向电力系统流通。

7.2.1　电-气综合能源系统结构框架及运行机制分析

随着互联网+技术、大数据及物联网技术的普及和利用，在电-气综合能源系统运行中，能量流与信息流可以同时传递，综合能源系统的运行模式与单一能源网的运行模式将产生显著区别。

综合能源系统与现今热门的能源互联网技术有异曲同工之妙(前者是后者的重要载体)，只是两者的侧重点不同，能源互联网以电力系统为研究核心，深度融合信息物理系统及多能源系统，更强调互联网在其中的重要作用；而综合能源系统更注重内部各能源系统的协同优化，不同的能源系统处于相同的地位，目标均为不断满足自身发展需求。

能源输入、输出种类多样及具备多种能量耦合设备是综合能源系统的一大特点。以电-气综合能源系统为例，常规发电机组与可再生能源发电出力同天然气共同构成能源输入部分；能源输入通过各种耦合设备转化，最终电能和天然气构成输出部分。电-气综合能源系统以能量多级利用的形式，实现能源循环利用，增加可再生能源渗透率，同时减少了发电机组污染和气源出力。长此以往，其具有极高的经济效益、环境价值及社会影响力。

电-气综合能源系统具备的关键设备有能量生产与转换设备、能量传输设备、能量分配与使用设备、不同能源网间接口设备、信息传递设备及能量储存设备。电-气综合能源系统的技术支撑有电-气综合能源系统规划、电-气综合能源系统运行及市场融合。

关于综合能源系统的建设与发展，首先以极大消纳可再生能源为目标，使可再生能源出力最大化，实现传统化石能源向可再生能源的过渡与转移。其次能量管理中心内部的多能协调优化与控制技术是实现能源管控的关键，使用分层分区的形式，用以管理较大规模能源系统，利用耦合设备连接最终形成多能源局域联供系统。

现阶段研究的电-气综合能源系统能量流通路径见图 7.1。电-气综合能源系统的耦合设备以燃气机组和电转气厂站为主。其中，电-气综合能源系统包括能量中心、电力系统、天然气系统；能量中心包括储电设备、电转气厂站、燃气机组、储气设备及微能量中心。微能量中心则包括智能建筑、混动汽车及智能量测系统。

电-气综合能源系统在实际中则包含更多的组分。例如，以氢气和甲烷为输入能源、以电能为输出能源的静态气转电设备，通常以燃料电池应用为主；当不考虑热源利用时，还有以天然气作为输入能源、以电能作为输出能源的热电联产、冷热电联产机组等。

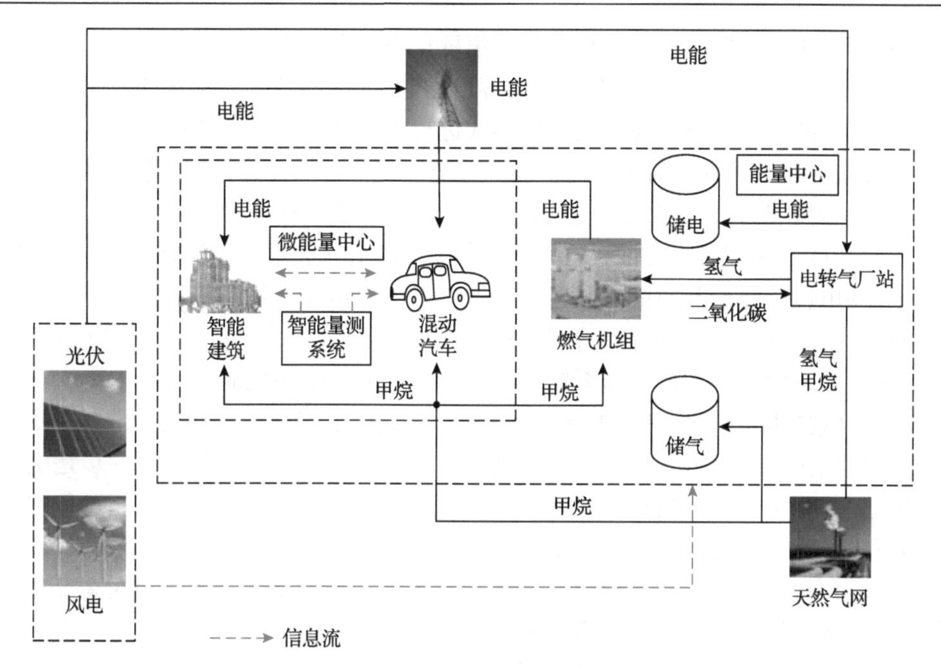

图 7.1　电-气综合能源系统能量流通路径

能量流与信息流的具体流通过程可概述为：当电负荷需求大而可再生能源发电的出力较低时，可再生能源厂站及时以信息流向能量中心递送风力发电出力信息，可再生能源发电出力通过并网实现全部利用，此时不投入使用储电设备，电转气厂站保持待机状态，电负荷由电网供给，微能量中心内部的智能建筑与混动汽车以及智能量测系统间进行信息交流，确定智能建筑与混动汽车的能源需求种类及各种能源需求量，燃气机组由天然气系统供气；当可再生能源发电出力较大且电负荷需求较低时，可再生能源厂站以信息流向能量中心提供有盈余电能信息，可再生能源发电出力部分用于并网，剩余部分则输送至储能设备，电转气厂站将盈余电能制造的甲烷输至天然气系统，能量中心及微能量中心进行信息交互，微能量中心内部智能建筑与混动汽车及智能量测系统继续进行信息交流，再次确定智能建筑与混动汽车能源需求种类及各种能源需求量。

电-气综合能源系统主要包含电力系统和天然气系统，两个能源子系统有如下特点：

(1)在传输距离方面，电力系统与天然气系统均存在高压、大容量能源输送系统，电能和天然气均可进行大规模远距离输送。

(2)在传输速度方面，电力系统输电线路可以接近光速的速度输送电能，满足瞬时性；而天然气系统由于以液体或气体的形式输送天然气，考虑到流体定律约束、天然气管道所处位置及管道工艺差异，使得天然气传输速度较慢，一般每小时在数十公里，因此天然气系统的输送速度远小于电力系统。

(3)在输送成本方面，电能利用大容量输电线进行输送，平均输送成本较低；但天然气系统使用管道或海上运输的形式进行天然气供给，整体输送成本较高。

(4)在能量转换能力方面，两个能源系统均有各自的优势，电力系统具备较强的高位能转换能力；天然气系统则具备较强的化学能转换能力。

(5)在能源存储能力方面，电能转瞬即逝，发出的电能需要及时传输利用，发电侧和用电侧在时间与空间上具有统一性，若考虑电储能设备，电能则可进行分时复用，但目前电储能技术尚不成熟，从技术和经济上均无法进行大规模建设，但天然气系统使用庞大的管道系统，具有中长期大规模储能能力。

电转气技术是电-气综合能源系统耦合设备之一，将电能转化为天然气，使能量从电网向天然气系统单向流动。实现电转气技术分为三个步骤。第一步是电解水制氢，将水电解为氢气以及氧气。第二步是碳捕获过程，因为碳捕获过程的效率较低，可通过在二氧化碳含量较高的地区建设碳捕获装置，实现捕获二氧化碳。第三步是甲烷化过程，利用电解过程产生的氢气，与捕获的二氧化碳在高温高压条件下生成甲烷，合成效率通常在 60%～80%。

电转气厂站中能量流动路径见图 7.2。

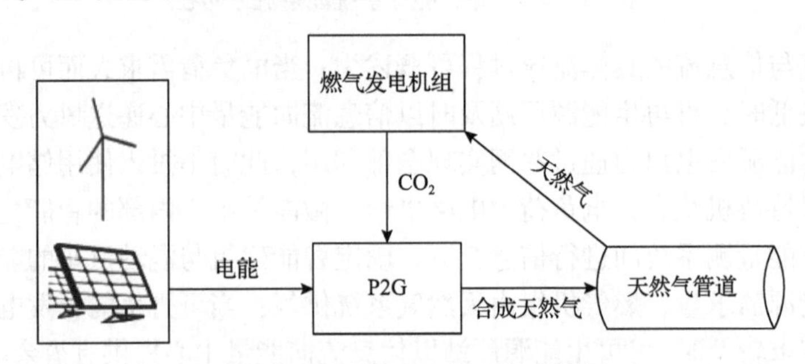

图 7.2　电转气厂站能量流动路径

如图 7.2 所示，当燃气机组的安装容量足够大，且能满足稳定的碳源时，整个系统将可以真正实现“碳的零排放”。理论上，若忽略高昂的电转气厂站投资及运行成本，仅考虑可再生能源消纳，并且电-气综合能源系统在运行约束范围内，电转气厂站的安装功率应为可再生能源出力上限与包含电储能的电负荷的功率差值。

根据电转气技术的实现过程，电转气厂站是电力及天然气系统间的耦合元件，自身具有多种特性，在电力系统中可将其视为负荷，在天然气系统中则可将其视为气源。同时电转气厂站响应速度快、调度灵活性高，在电力系统中可起到削峰填谷作用，极大提高了可再生能源出力，切实增加电力系统传输容量从而提高系统运行的灵活性，及时高效地消纳弃风弃光。在满足于天然气系统允许条件下，

电转气厂站可连续不断地将电能转化为天然气。

7.2.2　电-气综合能源系统结构数学模型

电-气综合能源系统结构的数学模型通常由天然气管道流量模型、天然气管存模型、压缩机模型、电转气厂站模型及燃气机组模型联合构成。其中，天然气管道流量模型又分为暂态模型及稳态模型；根据不同的驱动机类型，压缩机模型主要分为燃气轮机驱动型压缩机模型及变频电机驱动型压缩机模型，燃气轮机驱动型应用更为广泛。欧洲多国的天然气系统压缩机运行方式随着环境问题的日益凸显已逐步从通过燃气轮机向压缩机提供动力，转变为直接由电力系统供电方式驱动压缩机运转，以此减少传统燃气轮机驱动方式所产生的污染。

1. 天然气管道流量模型

天然气管道流量模型为

$$\begin{cases}\mu_{kn,t}\tilde{Q}_{kn,t}^{2}=\alpha\left(p_{k,t}^{2}-p_{n,t}^{2}\right)\\ \tilde{Q}_{kn,t}=\left(Q_{kn,t}^{\text{in}}+Q_{kn,t}^{\text{out}}\right)/2\end{cases},\quad k,n\in N_{2} \tag{7.1}$$

式中，$\tilde{Q}_{kn,t}$ 为 t 时刻管道 kn 内部天然气平均流量；$Q_{kn,t}^{\text{in}}$ 为输入管道 kn 的天然气流量；$Q_{kn,t}^{\text{out}}$ 为输出管道 kn 的天然气流量；$\mu_{kn,t}$ 为 t 时刻的天然气流向，当节点 k 管道压力比节点 n 管道压力高时取 1，否则取–1；N_2 为天然气系统节点集合；α 为管道的传输系数，其与天然气管道的长度、管径、温度及摩擦系数等相关；$p_{k,t}$ 为 t 时刻 k 节点管道压力；$p_{n,t}$ 为 t 时刻 n 节点管道压力。

天然气管道的流量与管道的长度、坡度、管径、室外温度及节点压力等密切相关，并且呈非线性关系。

天然气管道稳态模型为

$$Q_{ab,t}=\alpha\mu\sqrt{\left|p_{a,t}^{2}-p_{b,t}^{2}\right|},\quad a,b\in N_{2} \tag{7.2}$$

式中，$Q_{ab,t}$ 为 t 时刻 a、b 两节点间的天然气流量；μ 为天然气流向；$p_{a,t}$ 为 t 时刻 a 节点管道压力；$p_{b,t}$ 为 t 时刻 b 节点管道压力；α 为天然气管道的传输系数，与管道传输效率、温度、管长、管径及压缩因子等相关。

2. 天然气管存模型

天然气管道是一种天然的气体存储设备，管道首末端存在的压力差使部分天然气暂时存储在管道中。当天然气负荷出现波动时，天然气管存能够为天然气系统中能源的可靠供应提供保障。动态的管存过程与管道首末端压力及管道参数相关。

天然气管存模型有两种，即线性模型和微积分型模型，两种模型常被用于研究天然气系统的动态过程。

线性模型为

$$C_{kn,t} = \alpha \tilde{p}_{kn,t} = C_{kn,t-1} + Q_{kn,t}^{\text{in}} - Q_{kn,t}^{\text{out}}, \quad k,n \in N_2 \tag{7.3}$$

式中，$C_{kn,t}$ 为 t 时段管道 kn 内部天然气存量；α 为天然气管道的传输系数，与管道长度、管径、温度及压缩因子相关；$\tilde{p}_{kn,t}$ 为 t 时段管道输出端节点 k 和输入端节点 n 间的平均压力；$C_{kn,t-1}$ 为 t–1 时段管道 kn 内部天然气存量。

微积分型模型为

$$C_{kn,t} = C_0 + \int_0^t (Q_{\text{su},t} - Q_{\text{cn},t})\text{d}t \tag{7.4}$$

式中，C_0 为初始时刻管道 kn 内部天然气存量；$Q_{\text{su},t}$ 为 t 时段供应的天然气流量；$Q_{\text{cn},t}$ 为 t 时段消耗的天然气流量。

3. 压缩机模型

天然气管道材料、设施周围温度及设备所处地形限制等原因，使天然气系统存在一定输气损耗，且天然气负荷高峰时需求较大，可能造成输气阻塞。因此，在输气管道沿线需要合理设置加压站使天然气管道压力维持在安全水平，保证下游输气压力。压缩机一般依靠电力驱动，大都通过燃气轮机发电带动压缩机工作。

目前使用较为广泛的燃气轮机驱动型压缩机模型有两种：一种是简化到一维的数学模型；另一种是由天然气热值、压缩因子、压缩机效率等因素构成的常规数学模型。

简化模型为

$$Q_{\text{c},t} = k_{\text{c1}} Q_{ab,t} (p_{a,t} - p_{b,t}) \tag{7.5}$$

式中，$Q_{\text{c},t}$ 为 t 时段压缩机能耗量；k_{c1} 为压缩机的单元特征常数，与天然气温度及压缩机效率等相关。

常规模型为

$$E_{\mathrm{c},t}=\eta k_{\mathrm{c2}}c_{\mathrm{a}}Q_{ab,t}\left[\left(\frac{p_{a,t}}{p_{b,t}}\right)^{\frac{\varepsilon-1}{\mathrm{e}}}-1\right] \tag{7.6}$$

$$Q_{\mathrm{c},t}=\mu_1E_{\mathrm{c},t}^2+\mu_2E_{\mathrm{c},t}^2+\mu_3 \tag{7.7}$$

式中，$E_{\mathrm{c},t}$ 为 t 时段压缩机的电能需求；k_{c2} 为压缩机的单元特征常数，与天然气温度及压缩机效率等有关；η 为单位转换系数；c_{a} 为平均压缩因子；ε 为天然气比热比；μ_1、μ_2、μ_3 分别为流量与电能转换系数。

若忽略压缩机的耗量特性，则压缩机可简化为节点压力的线性模型，即

$$p_{a,t}=\lambda p_{b,t} \tag{7.8}$$

式中，λ 为固定压缩比。

4. 电转气厂站模型

电转气厂站由电解水装置、甲烷化反应装置及加压设备构成。为提高联合系统计算效率，电转气厂站被简化为与功-能转换效率直接相关的模型。其简化模型为

$$E_{\mathrm{P2G}j,t}=\eta_{\mathrm{P2G}}\nu P_{\mathrm{P2G}j,t}\tau \tag{7.9}$$

$$Q_{\mathrm{P2G}j,t}=E_{\mathrm{P2G}j,t}/H_{\mathrm{gas}} \tag{7.10}$$

式中，$E_{\mathrm{P2G}j,t}$ 为 t 时段电转气厂站 j 的输出电能；$P_{\mathrm{P2G}j,t}$ 为 t 时段电转气厂站 j 的运行功率；η_{P2G} 为电转气厂站效率；ν 为电能与热量转换系数；τ 为电转气厂站运行时长；H_{gas} 为天然气热值；$Q_{\mathrm{P2G}j,t}$ 为 t 时段电转气厂站 j 输送至天然气系统的甲烷流量。

5. 燃气机组模型

与燃煤机组耗量特性相类似，燃气机的天然气耗量与其有功出力呈二次函数关系。根据燃气机实际有功出力，天然气耗量可以表述为[142]

$$Q_{\mathrm{GT}j,t}=k_1P_{\mathrm{GT}j,t}^2+k_2P_{\mathrm{GT}j,t}+k_3 \tag{7.11}$$

式中，k_1、k_2、k_3 燃气机耗量系数；$P_{\mathrm{GT}j,t}$ 为 t 时刻燃气机 j 的有功出力；$Q_{\mathrm{GT}j,t}$ 为 t 时刻燃气机 j 消耗的天然气流量。

t 时刻，第 j 台燃气机简化成与热值及效率相关的线性函数为

$$Q_{\mathrm{GT}j,t}=\frac{P_{\mathrm{GT}j,t}}{k_4\eta_{\mathrm{GT}}} \tag{7.12}$$

式中，$Q_{\mathrm{GT}j,t}$ 为 t 时刻第 j 台燃气机热值；k_4 为天然气流量与功率转换系数；η_{GT} 为燃气机效率。

7.3　电-气综合能源系统经济调度

依靠燃气机组耦合的电-气综合能源系统调度研究已有大量成果，而电转气技术近几年才提出，应用并不成熟且运行机制尚在研究阶段，使用电转气厂站作为耦合设备的电-气综合能源系统调度研究较少。

在此背景下，本节以某地区风电装机容量及负荷需求为例，求解配置电转气厂站的电-气综合能源系统经济调度问题。首先，建立电-气综合能源系统结构数学模型。然后，考虑电-气综合能源系统运行约束，建立电-气综合能源系统经济调度模型，分析不同情景下系统可再生能源消纳水平及污染物排放水平。最后，由算例结果可知配置电转气厂站的电-气综合能源系统有较强的风电消纳能力，提高了燃气机组出力。

电-气综合能源系统模型主要由电力系统及天然气系统构成[143]，本节使用式(7.2)、式(7.5)、式(7.9)、式(7.10)、式(7.12)，研究电-气综合能源系统经济调度问题。

7.3.1　电-气综合能源系统经济调度模型

电-气综合能源系统经济调度模型研究在一个调度周期内(24h)经济性最优，以系统运行成本最低为目标函数，并考虑弃风惩罚成本及污染物排放成本[144]。

1. 经济调度目标函数

经济调度目标函数[145]为

$$\min f=\sum_{t=1}^{T}\left(\sum_{i\in N_{\mathrm{GF}}}f_1(P_{i,t})\right)+\beta\sum_{t=1}^{T}\sum_{k\in N_{\mathrm{s}}}Q_{\mathrm{gs},k,t}+f_{\mathrm{wp},t}+f_{\mathrm{c},t} \tag{7.13}$$

$$f_i(P_{i,t})=a^2P_{i,t}+bP_{i,t}+c \tag{7.14}$$

$$f_{\mathrm{wp},t}=\omega\sum_{t=1}^{T}\left(\sum_{j\in N}(P_{\mathrm{w},j,t}^{\max}-P_{\mathrm{w},j,t})\right) \tag{7.15}$$

$$f_{c,t}=\sum_{t=1}^{T}\left(\sum_{s\in N_p}\left((C_{c1}\lambda_{c1,s}+C_{c2}\lambda_{c2,s}+C_{c3}\lambda_{c3,s})P_{ge,s,t}\right)\right) \tag{7.16}$$

式中，f 为系统总成本；T 为调度周期；N_{GF} 为火电机组集合；N_s 为气源集合；N 为风力发电机组集合；$f_i(P_{i,t})$ 为第 i 台火力发电机运行费用函数，为发电机出力的二次函数；$P_{i,t}$ 为 t 时刻第 i 台火力发电机出力；a 、b 、c 为发电机运行成本系数；$Q_{gs,k,t}$ 为 t 时刻第 k 个天然气气源出力；β 为天然气单位成本系数；$f_{wp,t}$ 为 t 时刻弃风惩罚成本；ω 为弃风单位惩罚成本；$P_{w,j,t}^{max}$ 为 t 时刻第 j 台风机最大发电功率；$P_{w,j,t}$ 为 t 时刻第 j 台风机并网功率；$f_{c,t}$ 为 t 时刻污染物排放成本；C_{c1} 、C_{c2} 、C_{c3} 分别为二氧化碳、二氧化硫、碳氧化物排放成本；$\lambda_{c1,s}$ 、$\lambda_{c2,s}$ 、$\lambda_{c3,s}$ 分别为第 s 台发电机组二氧化碳、二氧化硫、碳氧化物排放系数；$P_{ge,s,t}$ 为 t 时刻第 s 台常规发电机组运行功率；N_p 为常规发电机集合。

2. 系统运行约束条件

1）电-气综合能源系统约束

天然气系统节点平衡约束为

$$Q_{gs,b,t}+Q_{P2G,b,t}=\sum_{a\in b}(Q_{a,b,t}^{in}-Q_{a,b,t}^{out})+Q_{g,b,t}+Q_{c,b,t}+Q_{GT,b,t}+(Q_{sg,b,t}^{in}-Q_{sg,b,t}^{out}) \tag{7.17}$$

式中，$Q_{gs,b,t}$ 为 t 时刻在节点 b 气源输出流量；$Q_{P2G,b,t}$ 为 t 时刻电转气厂站输入节点 b 流量；$Q_{a,b,t}^{in}$ 为 t 时刻在节点 b 流入天然气管道的天然气流量；$Q_{a,b,t}^{out}$ 为 t 时刻在节点 b 流出天然气管道的天然气流量；$Q_{g,b,t}$ 为 t 时刻在节点 b 常规天然气负荷；$Q_{c,b,t}$ 为 t 时刻在节点 b 压缩机耗量；$Q_{GT,b,t}$ 为 t 时刻在节点 b 燃气机耗气流量；$Q_{sg,b,t}^{in}$ 为 t 时刻在节点 b 流入储气设备的流量；$Q_{sg,b,t}^{out}$ 为 t 时刻在节点 b 输出储气设备的流量。

电力系统需要满足节点平衡约束为

$$\begin{cases}P_{w,k,t}+P_{ge,k,t}-P_{P2G,k,t}-P_{el,k,t}=P_{k,t}\\Q_{ge,k,t}-Q_{el,k,t}=Q_{k,t}\end{cases},\quad k\in N_G \tag{7.18}$$

式中，$P_{w,k,t}$ 为 t 时刻风电机组在节点 k 的运行功率；$P_{ge,k,t}$ 为 t 时刻可再生能源机组在节点 k 的运行功率；$P_{P2G,k,t}$ 为 t 时刻电转气厂站在节点 k 的运行功率；$P_{el,k,t}$ 为 t 时刻在节点 k 负荷有功功率；$P_{k,t}$ 为 t 时刻电力系统在节点 k 有功功率；$Q_{k,t}$ 为 t

时刻电力系统在节点 k 无功功率；$Q_{\mathrm{ge},k,t}$ 为 t 时刻可再生能源机组在节点 k 无功功率；$Q_{\mathrm{el},k,t}$ 为 t 时刻在节点 k 负荷无功功率；N_{G} 为电网节点集合。

2）发电机限制

发电机约束模型为

$$\begin{cases} V_k^{\min} \leqslant V_{k,t} \leqslant V_k^{\max}, & k \in N_{\mathrm{G}} \\ \psi_l^{\min} \leqslant \psi_{l,t} \leqslant \psi_l^{\max}, & l \in N_1 \end{cases} \tag{7.19}$$

式中，$V_{k,t}$ 为 t 时刻节点 k 电压；$V_k^{\min}$ 为节点 k 电压下限；$V_k^{\max}$ 为节点 k 电压上限；$\psi_{l,t}$ 为 t 时刻线路 l 输电量；$\psi_l^{\min}$ 为线路 l 输电量下限；$\psi_l^{\max}$ 为线路 l 输电量上限；N_1 为电力线路集合。

3）电转气厂站运行功率限制

电转气厂站运行功率约束为

$$0 \leqslant P_{\mathrm{P2G},k,t} \leqslant P_{\mathrm{P2G},k}^{\max}, \quad k \in N_{\mathrm{P2G}} \tag{7.20}$$

式中，$P_{\mathrm{P2G},k}^{\max}$ 为电转气厂站第 k 台电转气装置运行功率上限；$P_{\mathrm{P2G},k,t}$ 为 t 时刻电转气厂站第 k 台电转气装置运行功率；N_{P2G} 为电转气厂站集合。

4）电网及天然气系统协同调度限制

常规天然气负荷、压缩机耗量和燃气机组的天然气需求构成总天然气需求，且燃气机组天然气实际需求不应超出天然气系统满足基础负荷后提供的天然气量。因此，电网及天然气系统调度模型为

$$\begin{cases} Q_{\mathrm{ga},b,t} = Q_{\mathrm{GT},b,t} + Q_{\mathrm{gbase},b,t} \\ Q_{\mathrm{GT},b,t} \leqslant Q_{\mathrm{g},b,t} - Q_{\mathrm{gbase},b,t} \end{cases}, \quad b \in N_2 \tag{7.21}$$

式中，$Q_{\mathrm{ga},b,t}$ 为 t 时刻天然气在节点 b 目标需求流量；$Q_{\mathrm{GT},b,t}$ 为 t 时刻燃气轮机在节点 b 需求流量；$Q_{\mathrm{gbase},b,t}$ 为 t 时刻天然气负荷在节点 b 需求流量；$Q_{\mathrm{g},b,t}$ 为 t 时刻天然气系统在节点 b 实际输送流量；N_2 为天然气系统节点集合。

5）压缩机限制

压缩机运行约束为

$$\lambda_{\mathrm{c}}^{\min} \leqslant \frac{p_{a,t}}{p_{b,t}} \leqslant \lambda_{\mathrm{c}}^{\max} \tag{7.22}$$

式中，$\lambda_{\mathrm{c}}^{\min}$ 为压缩比下限；$\lambda_{\mathrm{c}}^{\max}$ 为压缩比上限。

6) 天然气系统气源输出限制

天然气系统气源输出约束为

$$Q_{\mathrm{gs},b}^{\min} \leqslant Q_{\mathrm{gs},b,t} \leqslant Q_{\mathrm{gs},b}^{\max}, \quad b \in N_{\mathrm{s}} \tag{7.23}$$

式中，$Q_{\mathrm{gs},b}^{\min}$ 为气源出力下限；$Q_{\mathrm{gs},b}^{\max}$ 为气源出力上限。

7) 天然气管道运行限制

天然气管道运行约束为

$$\begin{cases} p_b^{\min} \leqslant p_{b,t} \leqslant p_b^{\max} \\ Q_{ab}^{\min} \leqslant Q_{ab,t} \leqslant Q_{ab}^{\max} \end{cases}, \quad a,b \in N_2 \tag{7.24}$$

式中，$p_b^{\max}$ 为天然气系统节点 b 压力上限；$p_b^{\min}$ 为天然气系统节点 b 压力下限；$Q_{ab}^{\min}$ 为天然气管道 ab 流量下限；$Q_{ab}^{\max}$ 为天然气管道 ab 流量上限；N_2 为天然气系统节点集合。

8) 储气设备运行限制

在一个调度时段内，储气设备充放能功率保持恒定。储气设备运行约束为

$$Q_{\mathrm{st},b,t} = Q_{\mathrm{st},b,t-1} + \left(\eta_{\mathrm{c}} W_{\mathrm{c},b,t} - \frac{W_{\mathrm{d},b,t}}{\eta_{\mathrm{d}}} \right) \Delta\tau, \quad b \in N_{\mathrm{st}} \tag{7.25}$$

$$Q_{\mathrm{st},b}^{\min} \leqslant Q_{\mathrm{st},b,t} \leqslant Q_{\mathrm{st},b}^{\max} \tag{7.26}$$

$$\sum_{t=1}^{T} W_{\mathrm{c},b,t} = \sum_{t=1}^{T} W_{\mathrm{d},b,t} \tag{7.27}$$

$$W_{\mathrm{c},b,t} W_{\mathrm{d},b,t} = 0 \tag{7.28}$$

式中，$Q_{\mathrm{st},b,t}$ 为第 b 个储气设备 t 时刻储气或放气后气体容量；$Q_{\mathrm{st},b,t-1}$ 为第 b 个储气设备 t–1 时刻储存气体容量；$W_{\mathrm{c},b,t}$ 为第 b 个储气设备 t 时刻储存气体功率；$W_{\mathrm{d},b,t}$ 为第 b 个储气设备 t 时刻释放气体功率；η_{c} 为储气效率；η_{d} 为放气效率；$\Delta\tau$ 为调度子时段；N_{st} 为储气设备集合；$Q_{\mathrm{st},b}^{\min}$ 为第 b 个储气设备容量下限；$Q_{\mathrm{st},b}^{\max}$ 为第 b 个储气设备容量上限。

7.3.2　模型求解方法

求解非线性优化问题目前多采用智能优化算法或商业化求解器，精确算法应用较少[146]。商业化的求解器调用简单方便、求解效率高，可以轻松应对各种高维

非线性问题，但成熟的商业化求解器不能充分考虑和模型之间的融合。智能算法可以处理高维度、大规模线性或非线性优化问题，这是传统精确算法不能实现的。

常用的智能算法，如粒子群优化算法求解精度高、速度快、结构简单，但容易陷入局部最优致使收敛精度较低[147]；禁忌搜索算法具有随机搜索的特点，特定的记忆机制避免了在解空间中重复搜索，解决了个体容易陷入局部最优的难题，提高了求解精度，但该算法搜索性能受较多自身参数影响。教学算法自身需要提前设定的参数少，极大保证了求解精度。为避免出现将局部最优解误作为全局最优解，使用随机教学因子的改进教学算法求解电-气综合能源系统调度问题。

教学算法是 2011 年提出的新型优化算法，也是一种基于群体的优化算法，主要由教师学习和学生学习两个阶段构成。算法参数中，教师即迭代过程中每代学生中的最优个体，学生个体数 n 为种群规模，学习的课程 m 为决策变量个数，学生每门课的成绩是决策变量。

1. 教师学习阶段

教师为进化导向，要尽可能缩小每门课程学生的平均水平与教师(当代最优学生)的差距。

2. 学生学习阶段

学生学习是不断进步的过程，通过学习更优者可以获得更好的成绩。

在求解过程中，学生每门课的平均分受教学因子影响较大，较大的教学因子可以提升搜索速度，但搜索精度会降低。若教学因子较小，搜索精度会提高，但搜索速度较慢。在教师学习阶段前半部分，由于教师与学生差异较大，学生成绩会显著提高，但后半部分两者水平较为接近，学生学习效果明显降低。

改进教学算法的流程图见图 7.3。

电-气综合能源系统联合调度时，根据设置的系统调度模型及联合调度约束条件对电网和天然气系统进行综合调度。

电-气综合能源系统解耦调度时，将模型拆分为电网和天然气系统两部分。先对电网进行调度，根据预测的电力负荷需求，计算各类发电机出力，从而制定天然气购入计划。再进行天然气系统调度，确定气源出力，计算输送给燃气机组的天然气流量。若计算出的输送至燃气机组天然气流量与预测目标需求量不同，则再次进行电网调度，制定新的调度计划。

7.3.3 算例分析

采用改进的 9 节点电力系统和 7 节点天然气系统结构作为算例。压缩机压缩比上限为 2，下限为 1.1，压缩机单元特征常数为 0.2。电力系统电压上限为 1.1，

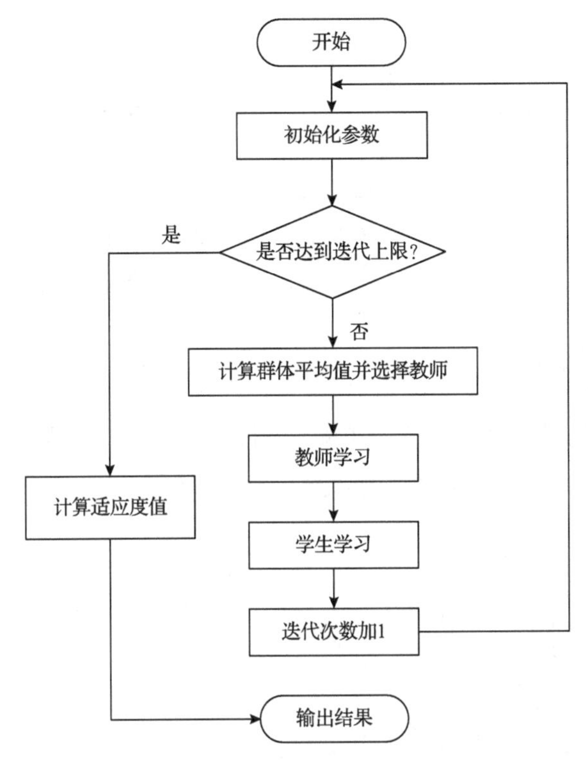

图 7.3　改进教学算法流程图

下限为 0.9。天然气系统节点压力上限为 1.2，下限为 0.8。调度周期设置为 24h，调度时段为 1h。电转气厂站装机容量为 50MW，效率为 0.6；风电装机容量为 100MW；火电机组装机容量为 150MW；燃气轮机装机容量为 200MW，效率为 0.3。储气设备充放气效率为 0.95，储气设备容量为 150MW·h[148]。弃风惩罚成本为 100 美元/(MW·h)。天然气单价为 37 美元/(MW·h)，天然气热值为 39.5MJ/m^3，天然气流量与电能转换关系为 10.81kW·h/m^3。算法参数为：种群规模为 50，最大迭代次数为 200，学习因子最大值为 2，学习因子最小值为 1。考虑电转气厂站对电-气综合能源系统调度影响，设置以下三种情景模型进行分析。

情景 1：不考虑电转气装置和储气设备且电-气综合能源系统解耦调度。

情景 2：电-气综合能源系统协同调度，不含电转气装置及储气设备。

情景 3：电-气综合能源系统协同调度，包含电转气装置及储气设备。

含电转气厂站的电-气综合能源系统结构见图 7.4。24h 风电出力及负荷需求见图 7.5。

三种情景下的系统成本见表 7.1 和表 7.2。

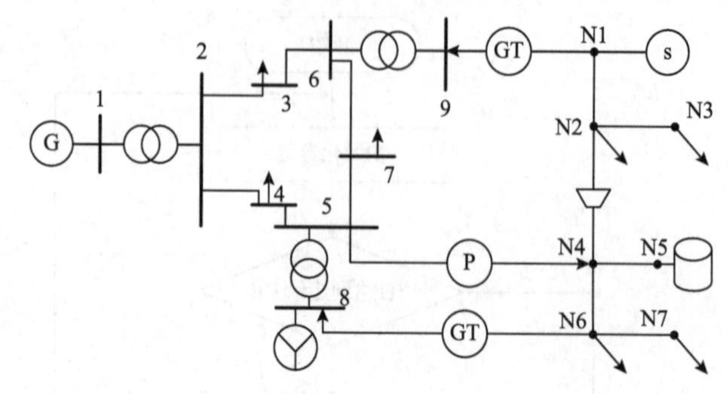

图 7.4　电-气综合能源系统结构

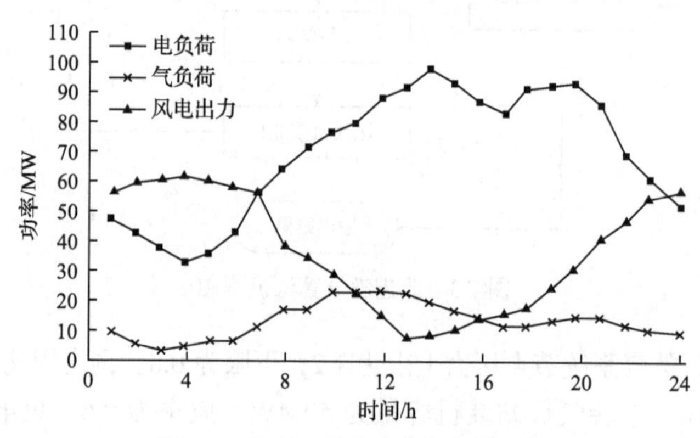

图 7.5　典型日风电出力及负荷需求

表 7.1　系统总运行成本　　(单位：万美元)

情景 1	情景 2	情景 3
18.293	18.259	16.091

表 7.2　各子系统运行成本　　(单位：万美元)

情景	发电机运行成本	弃风惩罚成本	污染物排放成本	天然气网络运行成本
情景 1	5.057	1.785	5.533	5.918
情景 2	4.749	1.785	5.587	6.138
情景 3	4.264	0	5.703	6.124

如表 7.1 所示，情景 1 的成本最高，这是由于电-气综合能源系统解耦调度在交替求解时存在误差，天然气系统实际输送的天然气量低于电网目标需求值，电

负荷需求主要由火电机组满足，造成成本偏高。情景 2 是在电-气综合能源系统协同调度后，电网和天然气系统可以协调燃气轮机天然气需求，降低了火电机组发电成本，因此系统成本比情景 1 降低了 0.2%。情景 3 中由于电转气厂站可以大量消纳弃风，生产的甲烷可以通过储气设备储存，在白天负荷高峰时供应燃气机组和常规天然气负荷，进而减少了风电弃风惩罚成本。

如表 7.2 所示，情景 2 的天然气网络运行成本高于情景 1，是由于电网和天然气系统协同调度后，燃气机组出力增加，气源输出天然气流量增加，增加了天然气网络运行成本。情景 3 的天然气网络运行成本低于情景 2 是由于储气设备向燃气机组提供天然气，减少了气源出力。电转气厂站的使用增加了燃气机组出力，降低了火电机组出力，减少了发电机运行成本和天然气网络运行成本，但污染物排放成本比情景 1 提高了 3.07%，比情景 2 提高了 2.08%，说明燃气机组的使用减少了系统整体成本但并不能降低环境污染物的排放水平。

不同情景下的弃风功率结果见图 7.6。

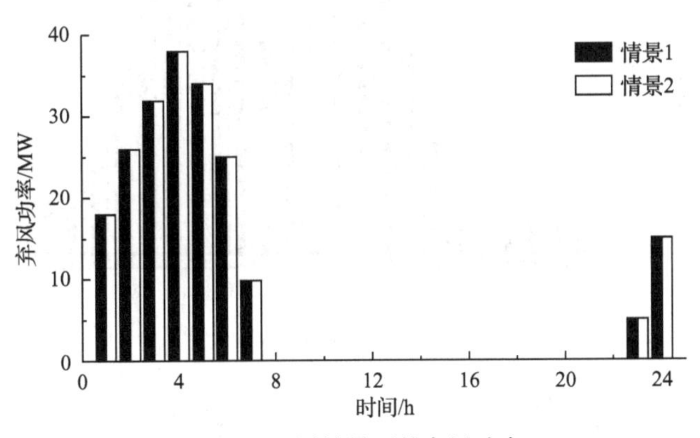

图 7.6　不同情景下的弃风功率

由于天气条件限制，风电在夜间发电量明显高于白天。情景 1 和情景 2 受限于系统潮流约束，风电在发电高峰期并不能大量并网，弃风率较高。情景 3 中使用电转气厂站和储气设备，多余风电被转换为天然气，由于弃风功率未超过电转气厂站安装功率，且满足天然气系统运行限制条件，因此弃风全部被利用，弃风功率为 0。

不同情景下的电网污染物排放水平见图 7.7。

含电转气厂站和储气设备的系统联合调度后，储气设备与气源联合给燃气机组供气，燃气机组出力增加，火电机组出力减少，但燃气机组效率较低、运行功率较大致使整体污染物排放量升高。

不同情景下的常规发电机组实际出力见图 7.8。

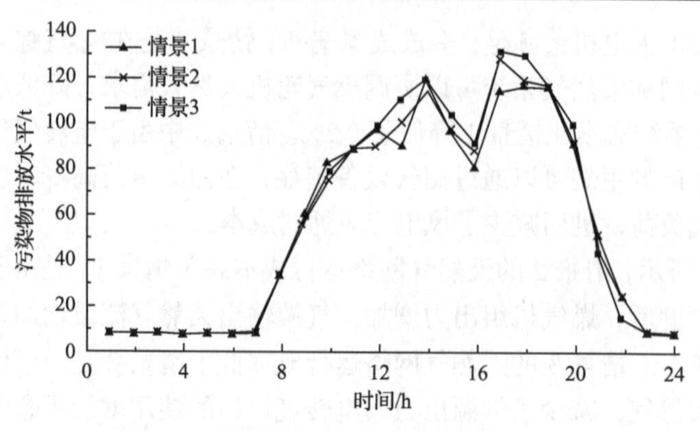

图 7.7　不同情景下的电网污染物排放水平

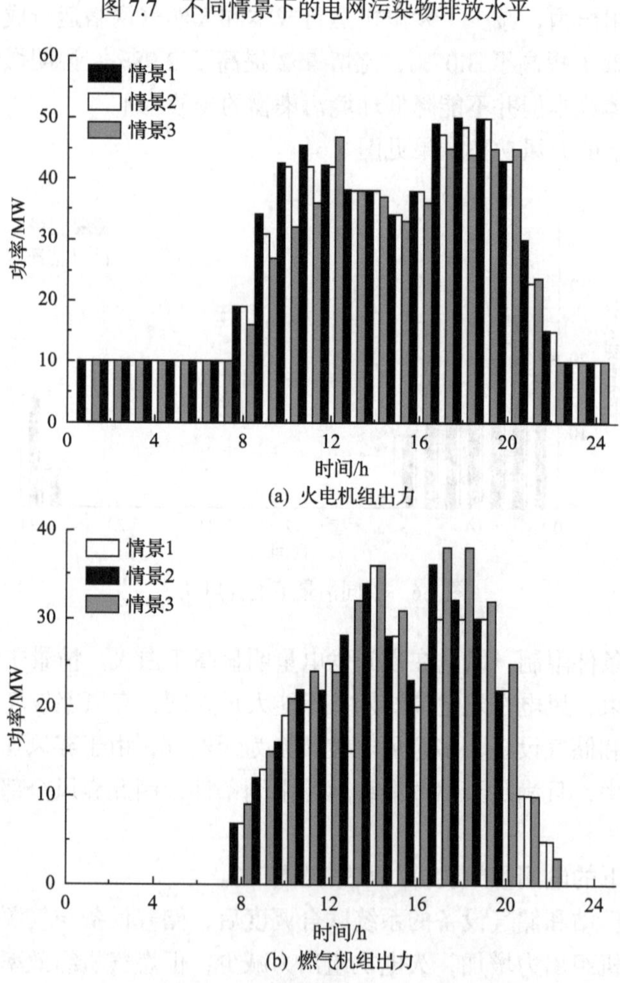

图 7.8　不同情景下的常规发电机组实际出力

情景 1 相较于情景 2 和情景 3 火电出力较大，因为电气系统解耦调度需要交替求解存在误差，供给电网侧发电用燃气不能满足目标需求，为保证负荷供电，需要火电机组额外出力。情景 2 中电网和天然气系统联合调度，燃气发电机组燃料需求被协调，燃气发电机出力增加。情景 3 由于电转气厂站在负荷低谷期利用风电生产合成天然气并储存在储气设备中，为减少电网运行成本和天然气网络运行成本，系统更倾向于使用燃气机组发电，因此燃气机组出力提高。

储气设备充放气功率见图 7.9。

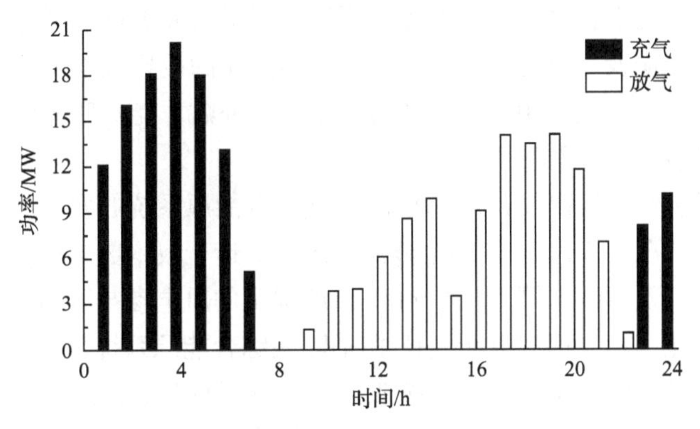

图 7.9　储气设备充放气功率

情景 3 中配置储气设备后，应用电转气技术可以在夜间将大量转化的合成天然气(synthetic natural gas，SNG)存储于储气设备中，在白天电力负荷高峰时供给天然气负荷和燃气机组发电。以情景 3 为例，选取改进教学算法与标准教学算法做对比，两种算法结果见图 7.10。

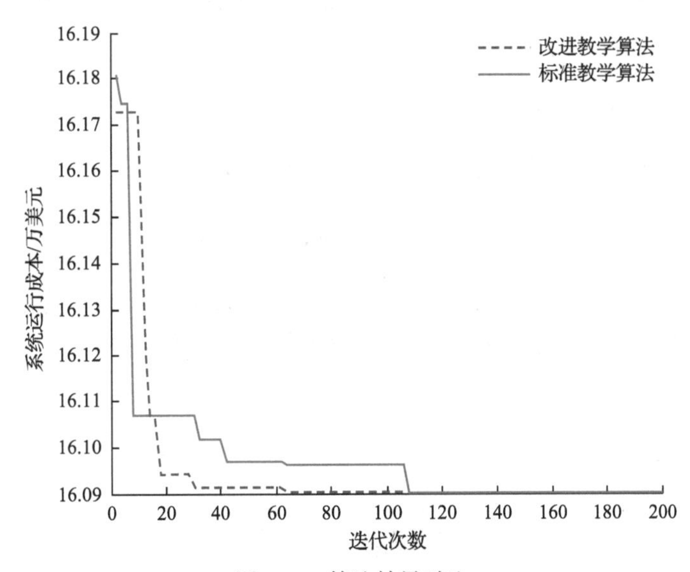

图 7.10　算法结果对比

使用的改进教学算法比标准教学算法迭代次数更少，即可更早地寻找到最优解。说明本节提出的使用随机教学因子替换原有固定教学因子可以提高算法搜索效率，避免陷入局部最优解。

7.4 电-气综合能源系统经济性分析

国内外已针对电转气技术产业化可行性展开了研究工作。受电转气厂站工作条件、可再生能源及二氧化碳来源问题、厂站高昂的投建成本及运行成本约束，目前电转气的应用仍然有限，需要政府给予大量补贴才能实现运行，但电转气所具有的潜在效益不能被忽视。

本节从经济性角度出发，充分考虑电-气综合能源系统的多种成本、效益及可再生能源出力状况，构建电-气综合能源系统的日运行成本数学模型(电-气综合能源系统结构模型及参数与第 6 章相同)，以所提出的风电参与度指标、夜间风电弃风率指标为参照，深入探究电转气技术对电-气综合能源系统日运行成本的影响；将电网、天然气系统及电转气厂站按照独立运行厂站考虑，计及弃风指标及联合系统各组分成本，对带有电转气厂站的电-气综合能源系统进行经济性分析，证实电转气厂站的使用对改善环境有极其重要的影响。

7.4.1 电-气综合能源系统经济性评价模型

使用电-气综合能源系统经济性评价模型时忽略了各子系统间能量交换成本，如电转气厂站销售天然气效益、弃风销售收益和电转气厂站购买弃风成本等，仅考虑各子系统自身成本及其他收益。

1. 经济性评价目标函数

用于评价电-气综合能源系统日成本的目标函数为

$$\min f = f_{\mathrm{w}} + f_{\mathrm{P2G}} + f_{\mathrm{P}} + f_{\mathrm{g}} \tag{7.29}$$

式中，f 为电-气综合能源系统日成本；f_{w} 为风电场成本；f_{P2G} 为电转气厂站运行成本；f_{P} 为电网运行成本；f_{g} 为天然气网络运行成本。

2. 电-气综合能源系统运行约束

1)电转气厂站约束

$$0 \leqslant P_{\mathrm{P2G},t} \leqslant P_{\mathrm{P2G}}^{\max} \tag{7.30}$$

式中，$P_{\mathrm{P2G}}^{\max}$为电转气厂站最大运行功率。

2) 电-气综合能源系统模型及约束

电-气综合能源系统模型及约束由电网和天然气网络两部分构成[149]，详见 7.3 节。

3) 风电在天然气负荷中参与度指标

风电在天然气负荷中的占比越高，其参与度越高，作为替代能源的前景越好。

$$S_{\mathrm{gas},t}=\frac{\sum\limits_{i\in N_{\mathrm{P2G}}}\eta_{\mathrm{P2G}}P_{\mathrm{P2G},t}}{\sum\limits_{i\in N_{\mathrm{G2}}}P_{\mathrm{GASL},i,t}+\sum\limits_{i\in N_{\mathrm{GT}}}P_{\mathrm{GT},j,t}/\eta_{\mathrm{GT}}} \tag{7.31}$$

式中，$S_{\mathrm{gas},t}$为风电在天然气负荷中的占比；N_{P2G}为 P2G 装置节点集合；η_{P2G}为 P2G 装置工作效率；$P_{\mathrm{P2G},t}$为 t 时刻 P2G 装置运行功率；N_{G2}为天然气系统节点集合；$P_{\mathrm{GASL},i,t}$为 t 时刻第 i 个厂站运行功率；N_{GT}为电网系统节点集合；$P_{\mathrm{GT}j,t}$为 t 时刻第 j 个电网运行功率；η_{GT}为 P2G 装置电转气效率。

4) 风电弃风率指标

风电使用量越大，其弃风水平越低，越接近可持续发展要求。在夜间电力负荷低谷时弃风情况较严重，因此设置夜间弃风率指标评价电转气厂站对消纳的作用。t 时刻风电弃风率为

$$S_{\mathrm{EL},t}=\frac{\sum\limits_{i\in N_{\mathrm{w}}}(P_{\mathrm{RMS},i,t}-P_{\mathrm{w},i,t})}{\sum\limits_{i\in N_{\mathrm{w}}}P_{\mathrm{RMS},i,t}} \tag{7.32}$$

式中，$P_{\mathrm{RMS},i,t}$为 t 时刻第 i 台风力发电机的额定功率；$P_{\mathrm{w},i,t}$为 t 时刻第 i 台风力发电机实际出力；N_{w}为风电系统节点集合。

7.4.2　系统求解方法及经济性求解步骤

采用粒子群优化算法求解非线性优化问题比采用经典数学规划法拥有更高的精度和更快的速度。但在标准粒子群优化算法搜索过程中，由于个体的历史最好位置容易集中陷入局部最优解范围内，收敛可能会出现早熟情况。而模拟退火原理的引入可以增加个体历史最好位置的多样性，避免出现搜索停滞现象。因此，采用引入模拟退火原理的改进粒子群优化算法求解电-气综合能源系统经济性问题，算法流程见图 7.11。

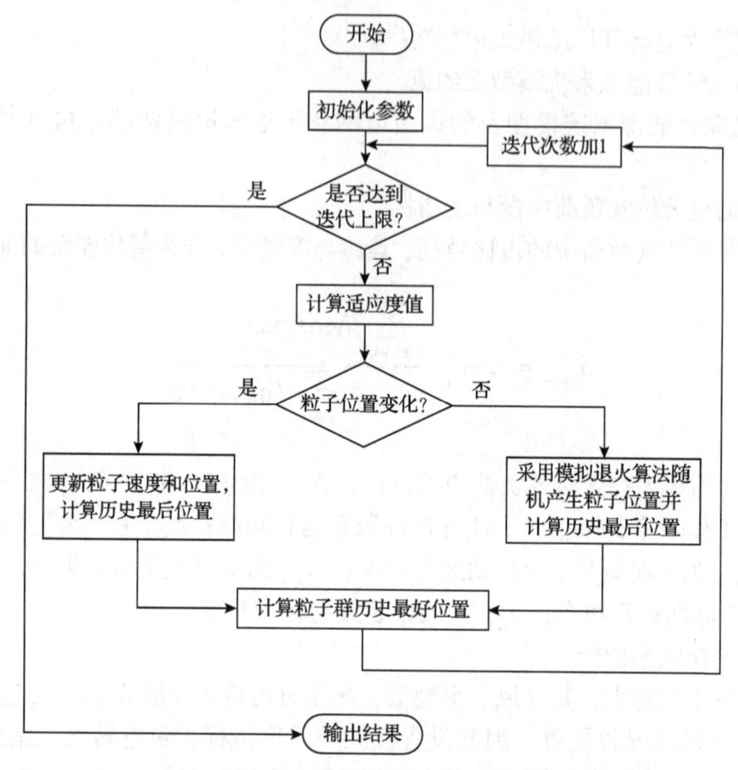

图 7.11　引入模拟退火原理的改进粒子群优化算法流程图

由于风电夜间出力较大，且夜间电力负荷需求较低，容易造成弃风，电转气厂站运行功率根据风力发电出力与负荷需求差确定。分析电-气综合能源系统经济性首先要建立电-气综合能源系统数学模型和算法参数等信息，然后确定电转气厂站实际运行功率、发电机组出力等，最后分析日运行成本。

7.5　算 例 分 析

电-气综合能源系统结构参数参见 7.4 节。评价时长为 24h，时间间隔为 1h。火电机组碳排放强度为 1.2t/(MW·h)，碳排放分配值为 0.789t/(MW·h)，碳超排惩罚成本系数为 42 美元/t，天然气网络运行成本为 37 元/(MW·h)。选取四种典型日分析电-气综合能源系统经济性。算法参数为：学习因子为 1.5，惯性权重为 0.73，种群规模为 50，最大迭代次数为 300，退火初始温度为 10000，温度冷却系数为 0.8。相关计算参数见表 7.3。

系统设置两种运行方式：方式一为电-气综合能源系统运行，不包含 P2G 厂站和储气设备；方式二电-气综合能源系统运行，含有 P2G 厂站和储气设备。

表 7.3　相关计算参数

计算参数	数值	计算参数	数值
P2G 装置寿命	20 年	P2G 维护成本	18.5 美元/(MW·h)
P2G 装置效率	60%	燃气轮机效率	30%
回收热效率	37%	氧气销售价格	98.4 美元/t
热回收价格	49.2 美元/(MW·h)	储气设备运行单价	0.036 美元/m^3
储气设备补贴	20%OPEX	单位时长氧气生产量	1.5t/(MW·h)
碳捕获单价	7.9 美元/t	单位水价	0.067 美元/t
单位时长碳捕获量	1t/(MW·h)	单位时长耗水量	1.7t/(MW·h)

四种典型日 24h 风电出力与负荷需求曲线见图 7.12。

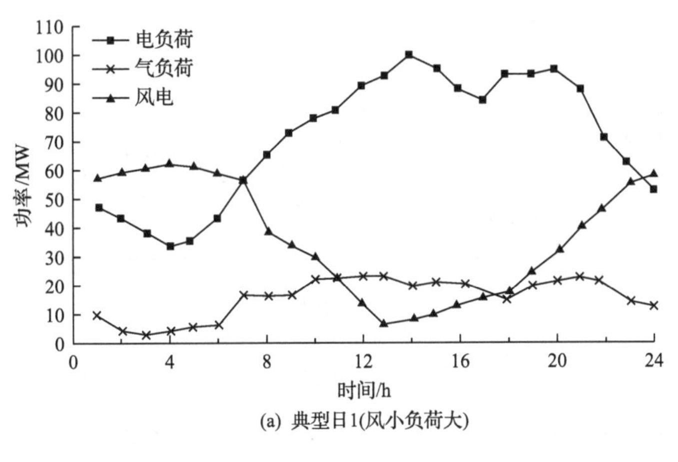

(a) 典型日1(风小负荷大)

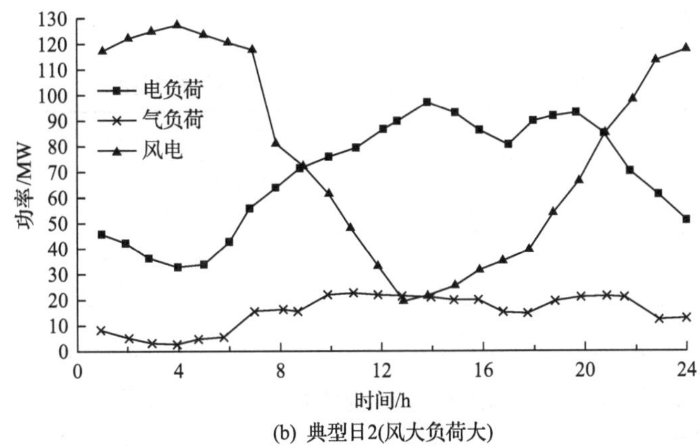

(b) 典型日2(风大负荷大)

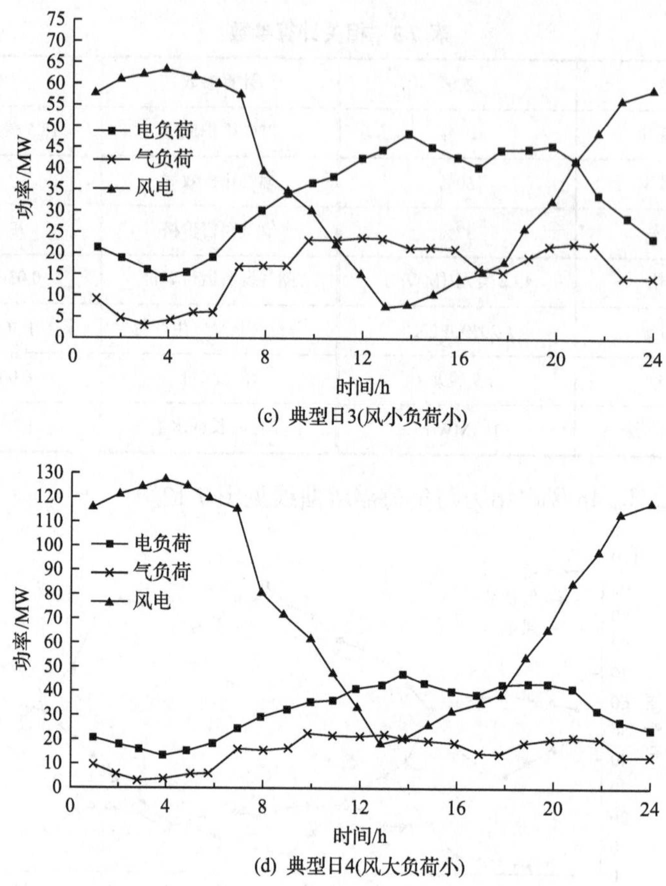

(c) 典型日3(风小负荷小)

(d) 典型日4(风大负荷小)

图 7.12　四种典型日 24h 风电出力及负荷需求曲线

各运行方式下四种典型日电-气综合能源系统经济性指标及各子系统运行成本见表 7.4～表 7.7。

表 7.4　方式一下四种典型日经济性指标对比

典型日	系统运行成本/万美元	风电弃风率	风电在天然气负荷中参与度
典型日 1	14.0166	0.1848	0
典型日 2	18.1968	0.4323	0
典型日 3	9.7220	0.4840	0
典型日 4	17.1982	0.6933	0

整体来看，由电转气厂站运行成本构成可知，电转气厂站运行功率越大，其维护成本及耗水成本越高但收益也越高，且电转气厂站的参与对减小系统总运行成本、提高风电利用率、改善电网及天然气网络耗能水平有积极影响。

表 7.5　方式二下四种典型日经济性指标对比

典型日	系统运行成本/万美元	风电弃风率	风电在天然气负荷中参与度
典型日 1	7.6065	0	0.0265
典型日 2	3.6845	0.1517	0.4061
典型日 3	–1.5875	0.1290	0.3688
典型日 4	–2.8398	0.2899	0.8469

表 7.6　方式一下四种典型日各子系统运行成本对比

典型日	风电场运行成本/万美元	电转气厂站运行成本/万美元	电网运行成本/万美元	天然气网络运行成本/万美元
典型日 1	1.7852	0	5.5881	6.3763
典型日 2	8.3520	0	5.2986	4.5462
典型日 3	4.6752	0	1.7954	3.2512
典型日 4	13.3946	0	1.6745	2.2191

表 7.7　方式二下四种典型日各子系统运行成本对比

典型日	风电场运行成本/万美元	电转气厂站运行成本/万美元	电网运行成本/万美元	天然气网络运行成本/万美元
典型日 1	0	–2.8276	4.3104	6.1263
典型日 2	2.9308	–7.5516	3.9937	4.5962
典型日 3	0.1246	–6.6302	1.7323	3.6515
典型日 4	5.6009	–10.8576	1.6745	0.8023

方式二中典型日 3 和典型日 4 的系统运行成本为负值，说明电转气厂站已给系统带来一定收益。电转气厂站的应用减少了整体系统的运行成本，增强了风电在天然气系统中的渗透，电转气厂站生产的 SNG 替代了部分气源出力，减少了电网火电机组出力，降低了综合能源系统整体能源消耗，减少了二氧化碳排放量。

由各典型日的电-气综合能源系统运行成本可知，不包含电转气厂站时，典型日 2 的电-气综合能源系统运行成本最高，典型日 3 的电-气综合能源系统运行成本最低。由风电出力和负荷需求曲线可以看出，典型日 2 风电量较大，但负荷需求水平也很高，负荷高峰需要常规发电机组出力，增加了电网成本，且夜间风电弃风水平较高，增加了弃风成本，使整体运行成本增大。典型日 3 的风电发电量较小，夜间弃风少，高峰时段需求常规发电机组出力较少，整体成本较低。

通过对比各典型日的电-气综合能源系统运行成本发现，包含电转气厂站时，典型日 1 的电-气综合能源系统总成本最高，典型日 4 的电-气综合能源系统总成本最低且为负值，表明典型日 4 中电-气综合能源系统已取得收益，由于收益高于成本，因此成本显示为负值。典型日 1 负荷需求较大但风电出力较低，因此需要常规发电机组出力满足负荷需求，造成发电机运行成本和天然气气源输出成本增高，间接增加了电-气综合能源系统运行成本。

由各典型日的风电弃风率可知，典型日 1 的电-气综合能源系统弃风率最低，典型日 4 的电-气综合能源系统弃风率最高。根据典型日 1 的风电出力和负荷需求曲线可以看出典型日 1 负荷需求较大，而风电出力大部分时间不能满足负荷需求，因此弃风较少，风电利用率较高。而典型日 4 恰与典型日 1 相反，风电出力过剩但负荷需求处于较低水平，此时风电出力能够充分满足负荷需求，盈余风电较多无法被利用，因此弃风率较高。

由方式一中各典型日的风电在天然气负荷中的参与度可知，由于存在电转气厂站，典型日 4 的风电参与度最高，典型日 1 的风电参与度最低。典型日 4 的风电出力较大但负荷需求较小，致使盈余风电较多。典型日 1 则具有生产少、需求大的特点，且风电与负荷需求之差较小，产生过剩风电较少。因此，典型日 4 使用电转气厂站可以输出大量天然气，增强了风电向天然气系统渗透的能力。由风电弃风率结果可知，典型日 2、典型日 3 和典型日 4 存在弃风。由于典型日 2、典型日 3 和典型日 4 风电出力较大，火电机组存在最小出力限制，且电转气厂站容量有限，无法消纳全部弃风，因此仍有部分风电无法利用。

由方式一中各典型日内子系统的运行成本可以看出，风电场运行成本中的典型日 4 的风电场运行成本最高，典型日 1 的风电场运行成本最低。电网运行成本中的典型日 1 成本最高，典型日 4 的最低。天然气网络运行成本与电网运行成本类似，也为典型日 1 的最高，典型日 4 的最低。造成上述结果的原因是，典型日 1 中的风电基本全部被利用，弃风较少，因此风电场弃风惩罚成本较低。典型日 4 风电出力较大，但并未配置电转气厂站，风电出力不能被电网全部利用，致使大量风电被弃用，风电场由此需要支付高额的弃风惩罚成本。典型日 1 电网和天然气网络运行成本较高是因为风电出力不足以供应大部分负荷需求，此时需要常规发电机出力协调，火电出力增加会造成机组运行成本及碳超排惩罚成本升高，而燃气机组出力提升会增大气源出力，引起天然气网络运行成本增高。

由方式二中各典型日内子系统的运行成本可以看出，风电场运行成本典型日 4 最高，典型日 1 最低为 0。电转气厂站运行成本典型日 4 收益最高，典型日 1 最低。电网运行成本典型日 1 的最高，典型日 4 的最低。天然气网络运行成本典型日 1 的最高，典型日 4 最低。造成上述结果的原因是，典型日 1 的风电出力水平较低，夜间盈余的风电出力被配置的电转气厂站及时利用，此时的风电出力达到最大，不存在弃风。而典型日 4 风电出力过剩，负荷需求有限，大量的弃风超出了电转气厂站的容量，风电场依旧需要支付弃风成本。由于电转气厂站的协调，典型日 4 的风电出力被提高，但没有达到最大值。与之相联系的电转气厂站由于在典型日 4 中运行功率较大，因此收益较高。电转气厂站生产的天然气通过储气设备存储并供给燃气机组和天然气负荷，减少了气源出力，节约了天然气成本。

各运行方式下燃气机组、电转气厂站与风电机组出力情况见图 7.13～图 7.16。

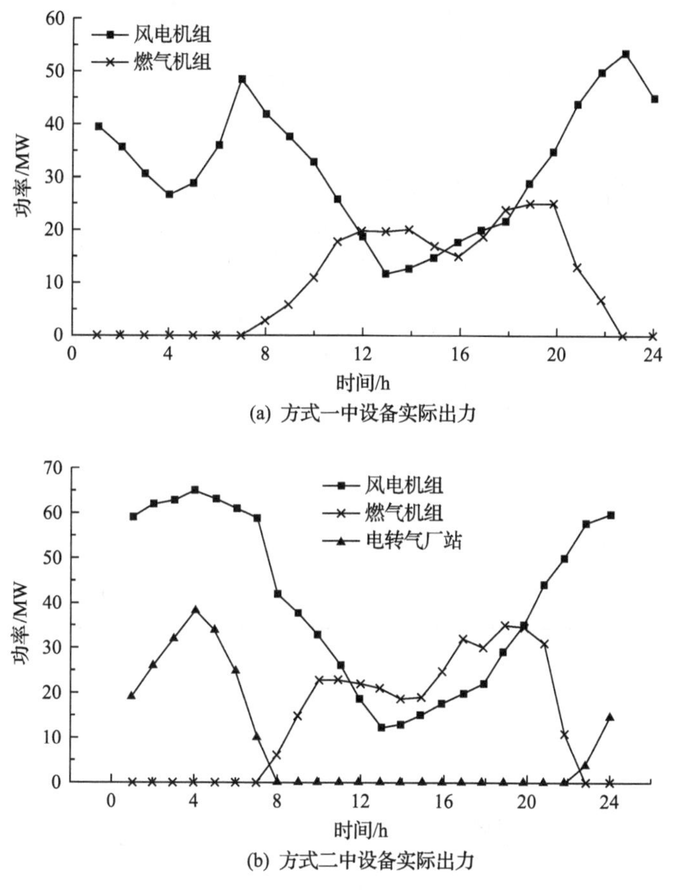

图 7.13　典型日 1 设备实际出力

如图 7.13 所示，方式一中风电出力较小且仅用于供应负荷需求，夜间时段存在一定量弃风，常规发电机组在负荷高峰时段出力较大。方式二中存在电转气厂站，夜间时段的弃风被电转气厂站利用，风电可以保持最大出力。电转气厂站运行后产生一定天然气，电网负荷高峰时储气设备和气源协同向燃气机组提供天然气，提高了燃气机组实际出力，减少了火电机组出力。

负荷需求和风电最大出力水平整体都比较高，相对于白天高负荷需求，夜间负荷需求较低，此时未配置电转气厂站的方式一将会造成大量弃风。方式二电转气厂站极大消纳了弃风，但由于电转气厂站容量有限，仍旧有部分风电未能利用。

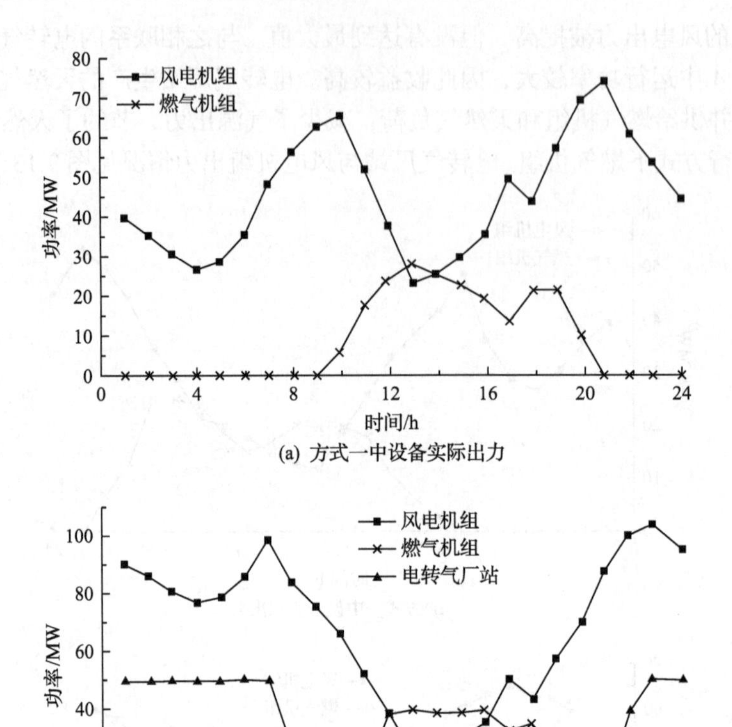

(a) 方式一中设备实际出力

(b) 方式二中设备实际出力

图 7.14　典型日 2 设备实际出力

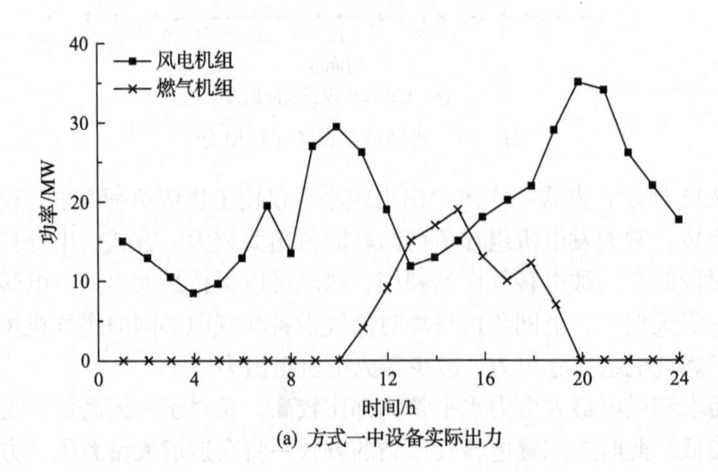

(a) 方式一中设备实际出力

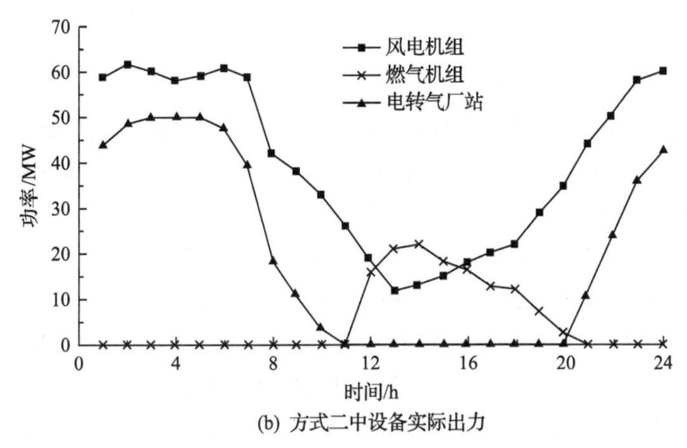

(b) 方式二中设备实际出力

图 7.15　典型日 3 设备实际出力

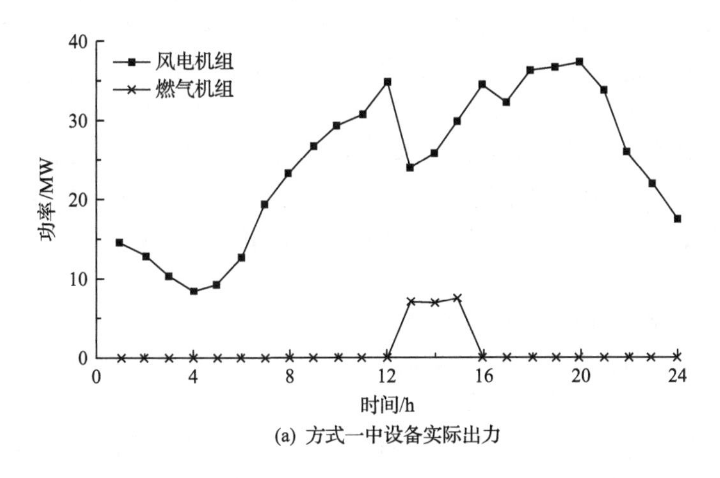

(a) 方式一中设备实际出力

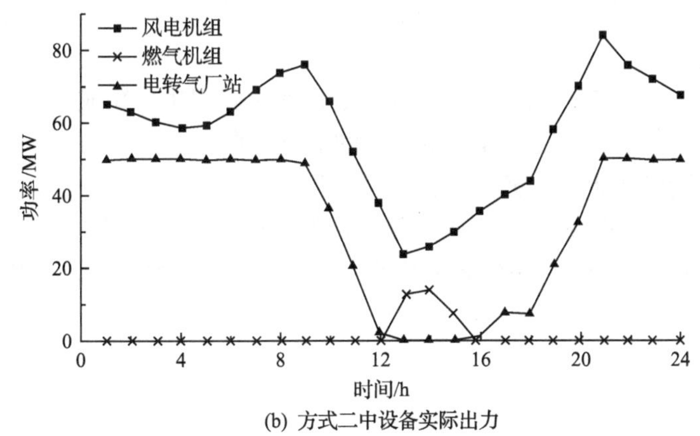

(b) 方式二中设备实际出力

图 7.16　典型日 4 设备实际出力

且由于白天负荷需求较大，方式一和方式二在负荷高峰期均需要常规机组协调出力。

图 7.15 和图 7.12(c)相比，风电出力处于较低水平，由于负荷需求少，方式一中风电仅在负荷高峰期能达到最大出力。电转气厂站应用后，燃气机组出力更及时。方式二中电转气厂站极大地消纳了弃风，但由于火电机组的最低运行功率限制，夜间仍存在少量弃风无法被利用。

图 7.16 与图 7.12(d)相比，典型日 4 的风电发电量较大，大部分负荷需求依靠风电满足，燃气发电机组仅在负荷高峰的某几个时段出力。白天负荷高峰时段风电利用水平很高，方式一未配置电转气厂站，夜间风电弃风量明显高于其他典型日。尽管方式二配置了电转气厂站，但电转气厂站安装容量有限，且为保证火电机组维持最低运行功率，大量的风电不能被完全利用，弃风水平较高。

由于目前电转气厂站并没有进行大规模应用，经济性不明确，分析不同投资成本下含电转气厂站的电-气综合能源系统成本敏感性可以预测电转气厂站的产业化可能。由于储气设备运行成本、电转气厂站单位维护成本、碳超排惩罚成本及储气设备运行补贴目前并没有统一设定，将以上成本作为影响投资成本的不确定因子，考虑单一因子变化引起整体成本变化，对配置 50MW 的电转气厂站的电-气综合能源系统运行成本进行敏感性分析。由于四种典型日的成本计算方法相同，成本变化趋势一致，在方式二条件下以典型日 1 为例，取单一因子变化范围为–10%～+10%。

(1) 储气设备补贴敏感性系数为负，说明电-气综合能源系统运行成本与补贴变动方向相反，即补贴越大整体成本越低，而其他各类成本敏感性系数为正，说明任意一种成本的增加均会增大电-气综合能源系统运行成本。

(2) 碳超排惩罚成本的敏感性系数最大，说明碳超排惩罚成本是决定电-气综合能源系统整体运行成本的关键因素，该成本变动范围越大，对系统整体运行成本影响越大。

(3) 电转气厂站维护成本的敏感性系数仅次于碳超排惩罚成本，说明该成本也是影响电-气综合能源系统整体成本支出的敏感因素，当电转气厂站运行成本发生变化时，电-气综合能源系统运行成本的波动也变化。

(4) 储气设备补贴敏感性系数最低，说明储气设备补贴对电-气综合能源系统运行成本影响较小。电-气综合能源系统运行成本不会根据储气设备补贴成本变动而有明显变化。

参 考 文 献

[1] Rifkin J. The Third Industrial Revolution: How Lateral Power is Transforming Energy, The Economy, and the World[M]. New York: Palgrave Macmillan, 2011.

[2] 阮晓菁. 论习近平绿色发展理念的六维结构体系[J]. 中南林业科技大学学报(社会科学版), 2017, 11(3): 1-7.

[3] 贾宏杰, 穆云飞, 余晓丹. 对我国综合能源系统发展的思考[J]. 电力建设, 2015, 36(1): 16-25.

[4] 贾宏杰, 王丹, 徐宪东, 等. 区域综合能源系统若干问题研究[J]. 电力系统自动化, 2015, 39(7): 198-207.

[5] 张治新, 陆青, 张世翔. 国内综合能源服务发展趋势与策略研究[J]. 浙江电力, 2019, 38(2): 1-6.

[6] 李奇. 园区级综合能源系统运营优化策略研究[D]. 北京: 华北电力大学, 2018.

[7] 郝然, 艾芊. 多能互补在综合能源系统中的关键问题与前景展望[EB/OL]. https://news.bjx.com.cn/html/20170707/835697-2.shtml.[2023-12-11].

[8] Li Y J, Hu R T. Exergy-analysis based comparative study of absorption refrigeration and electric compression refrigeration in CCHP systems[J]. Applied Thermal Engineering, 2016, 93: 1228-1237.

[9] 郝然. 多能互补和集成优化能源系统关键技术及挑战[J]. 能源研究与利用, 2018, (2): 4-5, 8.

[10] 刘宁, 邵山, 罗玉琴. 多能互补综合能源系统运行优化建议[J]. 中国资源综合利用, 2019, 37(1): 50-52.

[11] 赵林霞. 信息化与工业化融合的理论及实践探索[D]. 南京: 南京理工大学, 2012.

[12] Galbusera L, Theodoridis G, Giannopoulos G. Intelligent energy systems: Introducing power-ICT interdependency in modeling and control design[J]. IEEE Transactions on Industrial Electronics, 2015, 62(4): 2468-2477.

[13] 周伏秋, 邓良辰, 冯升波, 等. 综合能源服务发展前景与趋势[J]. 中国能源, 2019, 41(1): 4-7, 14.

[14] 刘珂. 基于多方博弈的园区级综合能源系统最优投资效益研究[D]. 吉林: 东北电力大学, 2021.

[15] 陈强. 综合能源接入电网的管控技术研究[J]. 集成电路应用, 2019, 36(11): 32-33.

[16] 马欢, 徐建兵, 张鹏飞, 等. 综合能源服务现状研究及对电网企业业务开展的建议[J]. 电力与能源, 2020, 41(5): 618-622.

[17] 杨颖, 史香锟, 吴昊, 等. 综合能源系统规划设计[J]. 能源与节能, 2020, (11): 2-5, 54.

[18] 姚水洪, 崔戴飞, 邱惠萍. 基于现代学徒制的高职院校护理人才培养[J]. 教育与职业, 2018,

(1): 91-95.

[19] 伍小亭. 超低能耗绿色建筑设计方法思考与案例分析——以中新天津生态城公屋展示中心为例[J]. 建设科技, 2014, (22): 58-65.

[20] 张巍, 董昕昕, 孙伟卿, 等. 能源互联网中的综合能源系统研究[J]. 自动化仪表, 2017, 38(1): 12-15.

[21] 黄超. 热电企业管理问题研究[D]. 北京: 对外经济贸易大学, 2003.

[22] 许松林. 做好能源互联网标准顶层设计[J]. 国企管理, 2016, (18): 16-17.

[23] 金文德, 江艺宝, 丁一. 以用户为中心的综合能源系统优化管理关键问题研究现状及展望[J]. 浙江电力, 2016, 35(10): 73-80.

[24] 封红丽. 国内外综合能源服务发展现状及商业模式研究[J]. 电器工业, 2017, (6): 34-42.

[25] 肖境. 京津冀产业协同背景下能源消费碳排放分配研究[D]. 天津: 天津理工大学, 2015.

[26] 王锋. 中国能源消费与经济发展脱钩管理研究[D]. 北京: 北京工业大学, 2010.

[27] 倪昌. SZ 电网公司综合能源业务发展战略研究[D]. 武汉: 华中科技大学, 2018.

[28] 樊凯. 综合能源系统自由度分析及其应用研究[D]. 南京: 东南大学, 2020.

[29] 洪涛. “十二五”期间我国家电市场发展趋势分析预测[J]. 中国市场, 2012, (7): 80-87.

[30] 张品. 大颗粒煤燃烧特性实验研究及层燃数值模型改进[D]. 上海: 上海交通大学, 2015.

[31] 刘跃前, 徐玉婷. 统筹城乡合理布局大力推进中小城镇建设[J]. 长江论坛, 2012, (5): 65-69.

[32] 王伟亮, 王丹, 贾宏杰, 等. 能源互联网背景下的典型区域综合能源系统稳态分析研究综述[J]. 中国电机工程学报, 2016, 36(12): 3292-3305.

[33] 井然. 综合能源服务是能源高质量发展的重要方向——专访国家发改委能源研究所能源系统分析研究中心主任周伏秋[J]. 中国电力企业管理, 2019, (13): 30-33.

[34] 任洪波, 吴琼, 高伟俊. 城市能源面域利用的发展与展望[J]. 华东电力, 2014, 42(10): 2169-2173.

[35] 高宏逵. 夏热冬冷地区办公建筑节能设计对策研究[D]. 哈尔滨: 哈尔滨工业大学, 2007.

[36] 程林, 张靖, 黄仁乐, 等. 基于多能互补的综合能源系统多场景规划案例分析[J]. 电力自动化设备, 2017, 37(6): 282-287.

[37] 王霞. 煤/生物质共气化过程中生物质热解挥发分与煤焦相互作用的研究[D]. 太原: 太原理工大学, 2016.

[38] 王新新. 新时期我国核电产业可持续发展对策分析研究[J]. 中国科技论坛, 2011, (7): 38-44.

[39] 张忻, 马绍药. 甘肃省风电产业发展现状及其对区域环境的影响初探[J]. 法制与社会, 2010, (20): 197.

[40] 张伟波, 谢玉荣, 杨帆, 等. 多能互补分布式综合供能系统及典型开发方案研究[J]. 发电技术, 2020, 41(3): 245-251.

[41] 陈丹, 赵敏. 发展虚拟电厂技术 促进新能源优化配置与消纳[J]. 中国电力企业管理, 2021,

(4): 26-30.

[42] 钟迪, 李启明, 周贤, 等. 多能互补能源综合利用关键技术研究现状及发展趋势[J]. 热力发电, 2018, 47(2): 1-5, 55.

[43] 侯健敏, 周德群. 分布式能源研究综述[J]. 沈阳工程学院学报(自然科学版), 2008, (4): 289-293.

[44] 时盟, 庄镇宇, 姚晶. 多能互补综合能源电力系统的建设模式初探[J]. 中国设备工程, 2021, (11): 192-193.

[45] 艾芊, 郝然. 多能互补、集成优化能源系统关键技术及挑战[J]. 电力系统自动化, 2018, 42(4): 2-10, 46.

[46] 叶琪超, 楼可炜, 张宝, 等. 多能互补综合能源系统设计及优化[J]. 浙江电力, 2018, 37(7): 5-12.

[47] 杨雨琪, 苏明昕. 电力系统短期负荷预测方法分析[J]. 中国电力企业管理, 2018, (12): 92-93.

[48] 严倩雯, 蒋川, 杨嵩, 等. 基于 BP 神经网络的 PTC 工质出口温度研究[J]. 太阳能学报, 2017, 38(11): 3029-3035.

[49] 胡源, 别朝红, 李更丰, 等. 天然气网络和电源、电网联合规划的方法研究[J]. 中国电机工程学报, 2017, 37(1): 45-54.

[50] 李晋航, 黄刚, 贾艳. 多模糊信息条件下的物料配送路径规划问题研究[J]. 机械工程学报, 2011, 47(1): 124-131.

[51] 门向阳, 曹军, 王泽森, 等. 能源互联微网型多能互补系统的构建与储能模式分析[J]. 中国电机工程学报, 2018, 38(19): 5727-5739, 5929.

[52] 童丹, 王爱云, 王莹. 层次分析法在中小企业融资问题中的应用[J]. 重庆交通大学学报(社会科学版), 2010, 10(6): 68-70.

[53] 白雪莲, 杨文辉. 空调系统综合运行能效评价方法及其应用[J]. 建筑科学, 2010, 26(12): 46-49.

[54] 廖述龙. 高层楼宇建筑电气节能技术研究[D]. 上海: 上海交通大学, 2011.

[55] 崔维伟, 刘新波. 多源供电模式下企业生产运作与能源管理集成优化研究[J]. 中国管理科学, 2023, 31(8): 173-183.

[56] 董娴, 周俊. 基于优化BP神经网络的预测模型在纺纱企业能源管理中的应用[J]. 工业控制计算机, 2016, 29(5): 150-152.

[57] 王武兵, 陈飞, 计效园, 等. 流程优化与巩固 Eraser-SDCA 方法及铸造企业应用[J]. 特种铸造及有色合金, 2017, 37(11): 1192-1196.

[58] 周世刚, 王智广, 梁迪. 油田注水能耗监测分析系统研究及试验应用[J]. 资源节约与环保, 2009, (5): 67-70.

[59] 彭辛庚. 电信企业数据仓库经营分析系统的设计与实现[D]. 长沙: 湖南大学, 2009.

[60] 张宏伟. 城市配电网项目 EPC 模式风险管理问题研究[D]. 北京: 华北电力大学, 2017.
[61] 邱树君. 新能源技术教学的实践与探讨[J]. 科技信息, 2012, (13): 205.
[62] 王超. 现代住宅小区智能化技术应用的研究[D]. 西安: 长安大学, 2009.
[63] 黄维芳, 李钦豪, 文安, 等. 风电场低电压穿越对零序电流保护的影响[J]. 南方电网技术, 2015, 9(2): 91-94.
[64] 秦羽飞, 葛磊蛟, 王波. 能源互联网群体智能协同控制与优化技术[J]. 华电技术, 2021, 43(9): 1-13.
[65] 吴永前. 基于数据驱动的农副产品线上运营云平台的研究[D]. 杭州: 浙江理工大学, 2016.
[66] 金小明, 陈皓勇, 禤培正, 等. 考虑间歇性新能源的电源-负荷协同调度模型与策略[J]. 南方电网技术, 2015, 9(5): 2-6, 14.
[67] 庄雷. 互联网融资、资源配置效率与风险监管研究[D]. 南京: 东南大学, 2016.
[68] 毛松茂. “数字景观”在居住区环境设计中的应用研究[D]. 长沙: 湖南师范大学, 2012.
[69] 屈新怀, 代锟, 丁必荣, 等. 基于 RFID 在整车智能库位可视化中的应用研究[J]. 组合机床与自动化加工技术, 2012, (3): 40-43.
[70] 范茵茵. 电子商务——汽车保险[D]. 北京: 首都经济贸易大学, 2009.
[71] 姜占古. 设备状态检测技术的应用[J]. 中国设备工程, 2017, (7): 76-77.
[72] 周飞燕, 金林鹏, 董军. 卷积神经网络研究综述[J]. 计算机学报, 2017, 40(6): 1229-1251.
[73] 尹宝才, 王文通, 王立春. 深度学习研究综述[J]. 北京工业大学学报, 2015, 41(1): 48-59.
[74] Le Q V. Building high-level features using large scale unsupervised learning[C]. 2013 IEEE International Conference on Acoustics, Speech and Signal Processing, Vancouver, 2013: 8595-8598.
[75] 薛伟. 效果广告点击率预估近期实践: 深度学习[EB/OL]. https://cloud.tencent.com/developer/article/1004530. [2023-12-11].
[76] 陈磊, 杨建新, 黄思翰, 等. 工业互联网与能源互联网对比及其融合发展探析[J]. 科技管理研究, 2021, 41(16): 123-129.
[77] 刘忠辉. 综合负荷模型参数辨识及负荷特性分类综合方法研究[D]. 济南: 山东大学, 2011.
[78] 国家电网. 统一思想 凝聚力量 建设具有中国特色国际领先的能源互联网企业[J]. 国家电网, 2020, (5): 38-41.
[79] 蒋秀洁, 熊信银, 吴耀武, 等. 改进矩阵算法及其在配电网故障定位中的应用[J]. 电网技术, 2004, 28(19): 60-63.
[80] 张东霞, 苗新, 刘丽平, 等. 智能电网大数据技术发展研究[J]. 中国电机工程学报, 2015, 35(1): 2-12.
[81] 胡若云, 张维, 李剑白, 等. 基于“互联网+”的综合能源服务发展策略研究[J]. 山东电力技术, 2020, 47(2): 43-46.
[82] 马舜, 汪宏, 邢璐, 等. 基于嵌入式技术的工业锅炉远程监测智能物联网终端[J]. 自动化

与仪表, 2016, 31(10): 62-66.
[83] 董晓婷. 大数据的定义特征及其应用分析[J]. 硅谷, 2013, 6(11): 120, 60.
[84] 王德文, 刘杨. 一种电力云数据中心的任务调度策略[J]. 电力系统自动化, 2014, (8): 61-66, 97.
[85] 周恩毅, 代昕. 大数据时代下智慧城市建设模式探析[J]. 西安建筑科技大学学报(社会科学版), 2018, 37(1): 25-30.
[86] 包明林. 基于BP神经网络的智慧城市发展潜力评价研究[D]. 湘潭: 湘潭大学, 2016.
[87] 叶清, 肖飞, 李林锐, 等. 基于泛在互联的电网运行数据管控系统设计[J]. 电子设计工程, 2020, 28(20): 153-157.
[88] 朱朝阳, 王继业, 邓春宇. 电力大数据平台研究与设计[J]. 电力信息与通信技术, 2015, 13(6): 1-7.
[89] 何江, 吴杏平, 李立新, 等. 基于组件技术的电力系统实时数据库平台[J]. 电网技术, 2002, 26(3): 64-67.
[90] 高睿祺. 营销大数据在综合能源智慧服务中的应用[J]. 大众用电, 2019, 34(2): 18-20.
[91] 洪博文, 闫湖. 国网转型综合能源服务的形势分析[EB/OL]. https://news.bjx.com.cn/html/20180130/877578.shtml.[2023-12-11].
[92] 王书淼, 王建宇, 杨成文, 等. 综合能源项目建设交付管理体系文件[J]. 煤气与热力, 2020, 40(1): 35-37, 46.
[93] 杨晟, 王浩淼, 才思远, 等. 面向电力营销精益化的综合能源服务研究[J]. 华电技术, 2019, 41(11): 5-8, 21.
[94] 曾鸣. 能源革命与能源互联网[J]. 中国电力企业管理, 2016, (6): 36-39.
[95] 陈希阳. 互联网+智慧用能综合能源服务平台的构建[J]. 科技资讯, 2018, 16(14): 31, 33.
[96] 吴向明. 基于PFTTH的智能小区通信系统研究[D]. 北京: 华北电力大学, 2012.
[97] 于哲. 智能用电小区综合评价指标体系构建及其评价方法研究[D]. 北京: 华北电力大学, 2012.
[98] 郭颖. 基于产业视角的我国制造业环境资源保护能力研究[J]. 投资与合作, 2011, (8): 265-267.
[99] 张帆, 严聪, 郭建亮. 改进灰色关联分析在导弹对抗预警雷达效能评估中的应用[J]. 四川兵工学报, 2009, 30(9): 107-111.
[100] 曹波. 关于加快推进坚强智能电网建设的意见[J]. 大科技期刊, 2018, (21): 68-69.
[101] 张云. 观点[J]. 国家电网, 2011, (11): 17.
[102] 唐林新. 基于相关模型的产品变型设计关键技术研究[D]. 上海: 同济大学, 2008.
[103] 肖辉, 刘长明. 城市电网规划中的问题研究[J]. 电子世界, 2014, (7): 181-182.
[104] 姚苗. 煤矿电能质量综合评估方法研究[D]. 西安: 西安科技大学, 2014.
[105] 刘胜利. 配电网投资效益评价与决策模型研究及应用[D]. 北京: 华北电力大学, 2017.
[106] 蒋鹏. 电网规划方案技术经济评价方法研究[D]. 上海: 上海交通大学, 2010.

[107] 詹智民，罗宾，詹智红，等. 一种电网发展能力综合性诊断指标体系构建方法与流程: CN107085648A[P]. 2017-08-22.
[108] 顾文琦. 多级电网建设投资与评价标准体系研究[D]. 北京: 华北电力大学, 2017.
[109] 赵朗，彭冬，李健，等. 一种电网投入产出边际效益分析方法及系统与流程量: CN110956372A[P]. 2020-04-03.
[110] 郑祥华. 配电网工程项目后评价的研究与实践[D]. 北京: 华北电力大学, 2017.
[111] 刘璐，刘宏志. 基于灰色关联和 TOPSIS 模型的电网实物资产综合价值评价[J]. 山东电力技术, 2018, 45(1): 8-13.
[112] 国家电网公司. 关于全面加强县供电企业管理的指导意见[J]. 农村电工, 2007, (8): 18-21.
[113] 余中福. 电网企业运营综合绩效评价及监控决策支持系统研究[D]. 北京: 华北电力大学, 2016.
[114] 杜娟，闫亮宇. 智能变电站辅助系统综合监控平台的应用分析[J]. 现代工业经济和信息化, 2014, 4(19): 88-90, 92.
[115] 黄文韬. 内蒙古超高压供电局人力资源管理体系研究[D]. 呼和浩特: 内蒙古大学, 2012.
[116] 卞维锋，郁锋，江祯蓉. 光伏发电系统在某三星级绿色建筑中的应用分析[J]. 节能, 2019, 38(1): 18-20.
[117] 曾鸣，刘英新，周鹏程，等. 综合能源系统建模及效益评价体系综述与展望[J]. 电网技术, 2018, 42(6): 1697-1708.
[118] 吴建中. 欧洲综合能源系统发展的驱动与现状[J]. 电力系统自动化, 2016, 40(5): 1-7.
[119] 李旭. 能源服务产业价值网络的构建及价值提升研究[D]. 北京: 华北电力大学, 2018.
[120] 胡朱周. 江苏省售电市场政府监管研究[D]. 大连: 大连海事大学, 2018.
[121] Tokyo Gas Group. Challenge for the future society: Smart energy network[EB/OL]. https://www. tokyo-gas.co.jp/sustainability/pdf/superdigest-2022.pdf.[2023-12-11].
[122] 余晓丹，徐宪东，陈硕翼，等. 综合能源系统与能源互联网简述[J]. 电工技术学报, 2016, 31(1): 1-13.
[123] 周斌，曲轶龙，霍竹，等. 发达国家项目管理专业机构开展成果转化工作情况及对我国的启示[J]. 创新创业理论研究与实践, 2018, 1(3): 16-20.
[124] 栾昊，刘进. 竞争太激烈！未来售电公司拿什么来比拼[EB/OL]. http://www.chinasmartgrid.com.cn/news/20151126/611032-4.shtml.[2023-12-11].
[125] 吕久琴，陈浩，樊倩倩. 制约能源互联网发展的制度因素分析[J]. 生产力研究, 2017, (4): 68-72.
[126] 朱君，孙强，冯蒙霜，等. 工业园区综合能源服务商业模式研究[J]. 电力需求侧管理, 2020, 22(2): 67-71.
[127] 谢时雨，席星璇，张雨曼，等. 新电改下售电公司运营模式研究[J]. 中国市场, 2017, (19): 205-207.

[128] 牛洪海, 李兵, 陈霈, 等. 机场综合能源一体化智慧管控关键技术研究[J]. 民航学报, 2018, 2(5): 35-38.

[129] 吕毅. 面向低碳的生态工业园理论与实践研究[D]. 天津: 天津大学, 2012.

[130] 龚思越. 基于(㶲)方法的建筑生命周期能耗分析与应用研究[D]. 长沙: 湖南大学, 2014.

[131] 封红丽. 南网综合能源服务: 储能的内部收益率为 7%动态投资回收期为 10 年左右[EB/OL]. https://news.bjx.com.cn/html/20191211/1027530.shtml.[2023-12-11].

[132] 张乙. 综合能源服务下的微电网效益综合评价方法研究[D]. 北京: 华北电力大学, 2020.

[133] 席菁华. 为开拓万亿级新市场, 国网节能公司正式更名综合能源服务集团[EB/OL]. https://www.jiemian.com/article/3878766.html.[2023-12-11].

[134] 深度丨综合能源服务在电力市场潜力与商业模式[EB/OL]. https://news.bjx.com.cn/html/20180725/915777.shtml.[2023-12-11].

[135] 电力企业向综合能源服务转型的“轻思考”[EB/OL]. https://news.bjx.com.cn/html/20180709/911390.shtml.[2023-12-11].

[136] 景春梅. 关于促进我国新能源可持续发展的思考[J]. 中国市场, 2012, (50): 92-95.

[137] 封红丽. 国内综合能源服务发展现状调研与实践分析[EB/OL]. https://news.bjx.com.cn/html/20181229/952990.shtml.[2023-12-11].

[138] 郑展, 张勇军. 电-气-热一体化混合能源系统研究评述与展望[J]. 广东电力, 2018, 31(9): 98-110.

[139] 杜琳. 电-气综合能源系统经济调度研究[D]. 吉林: 东北电力大学, 2018.

[140] 孙德峰. 钢铁原料物流计划与调度的建模及最优化方法研究[D]. 沈阳: 东北大学, 2016.

[141] 刘军. 认知网络中基于图论模型的频谱分配算法研究[D]. 重庆: 重庆邮电大学, 2010.

[142] 范瑜恺. 基于电转气的双向耦合气电混联系统规划问题研究[D]. 南京: 东南大学, 2020.

[143] 高晗, 李正烁. 考虑电转气响应特性与风电出力不确定性的电-气综合能源系统协调调度[J]. 电力自动化设备, 2021, 41(9): 24-30.

[144] 葛维春, 李家珏, 李军徽, 等. 提高风电消纳的大容量储热系统优化控制策略[J]. 太阳能学报, 2019, 40(2): 380-386.

[145] 王伟, 孙芳城. 民族地区金融发展与绿色全要素生产率增长——以乌江流域为例[J]. 云南民族大学学报(哲学社会科学版), 2017, 34(3): 106-118.

[146] 包珊珊, 张敏, 尹健康, 等. 考虑半托盘出库的堆垛机复合作业拣选路径优化研究[J]. 工业工程, 2019, 22(1): 90-99.

[147] 韦雅君. 河北省新能源发展潜力预测及对策研究[D]. 保定: 华北电力大学, 2012.

[148] 仇知, 王蓓蓓. 一种计及综合需求响应资源的能源枢纽规划方法与流程: CN107767074B[P]. 2021-08-10.

[149] 黄琳妮, 郑宝敏, 殷林飞. 基于 ADMM 的电-气综合能源系统多目标最优能量流分布式计算[J]. 广东电力, 2020, 33(10): 56-63.